JN334716

新・教職課程シリーズ

教職概論
Introduction to Teaching Profession

田中智志・橋本美保 [監修]
高橋 勝 [編著]

一藝社

監修者のことば

　本書は、一藝社「新・教職課程シリーズ」全10巻の1冊として編まれた教科書であり、「教職に関する科目」の一つである「教職の意義等に関する科目」の必要事項「教職の意義及び教員の役割、教員の職務内容、進路選択に資する各種の機会の提供等」を扱う授業（教職概論）に対応しています。

　教職という仕事は、定められた法令に従い、児童生徒に知識技能を教えることだけでなく、児童生徒一人ひとりがよりよく生きられるように、その人生を支え援けることでもあります。一見すると、教科の授業は知識技能の教授、道徳教育や生活指導・生徒指導は人生への支援、というふうにその目的が分かれているようにもみえますが、知識技能の教授と人生への支援とは、密接に結びついています。知識技能の教授は、子どもが教師を信頼してはじめて成り立つ営みだからであり、子どもたちからの信頼は、真摯にわかりやすい授業を行おうとする態度だけでなく、教師自身のふだんの倫理的な生き方によっても生みだされるからです。抽象的な概念を、子どもの目線に立ち、子どもの生活に近づけて教えるだけでなく、子どもの置かれている情況を把握し、子どもの気持ちを気遣いつつ、よりよく生きる姿勢を伝えることが、子どもたちとの信頼関係を生みだし、より深い知識技能の教授を可能にしていきます。

　しかし、よりよく生きることは、たんに定められている規範・法令や命令・指示にただ従うことではありません。現代社会は、ますますルールが細かく設定され、それに則って行動することが求められている社会です。教職という仕事も、以前とは較べものにならないくらい膨大な事務作業をともなうものになっています。こうした現代社会においては、ただルールに従うことが大事であるかのように考えられていますが、そうしたルールは、あくまで過去において問題とされてきた事態に対する現段階における対処方法であり、今まさに起こっている問題や、未来において起こる未知

の問題に対する対処方法ではありません。また、環境問題、資源問題、国際問題など、すでにある問題に対しても、充分な対処方法（ルール）が見つかっているわけでもありません。

　こうした現実のなかで、よりよく生きるための指針として、たとえば「シティズンシップ（市民性）」の形成が説かれています。すなわち、自律的個人として社会的活動に積極的に参加し行動するための知識・技能・価値観を学ぶことが求められています。しかし、どれほどシティズンシップの知識・技能を身につけても、そうするだけでは、人はよりよく生きることはできません。人は、そうした新しいルールをたんなるルールと見なし、それから距離をとり、他者への気遣いよりも自分の都合を優先することもできるからです。いいかえれば、子どもであれ、大人であれ、人は、たえずよりよく生きることからずれる可能性に晒されているからです。しかし、人が自分自身のなかにあるその負の可能性にきちんと向き合うとき、その可能性を乗り越える新たな可能性も見えてきます。その可能性は、教職においては、まさに子どもとの出会い、そして真の自己との出会いのなかに現れてきます。

　本書は、教育哲学の深い知見に裏打ちされながら、長年にわたり教職について研究されてきた高橋勝氏の明確な編集方針のもとに編まれています。全体を通じて、教職という仕事の全容がわかりやすく示され、また一人の教師としてよりよく生きるために必要な知見が具体的に述べられています。

　教職を志すみなさんが、本書をつうじて、人間性豊かな、よりよい教育実践の学知的な礎を築かれることを、心から願っています。

2014年3月吉日

　　　　　　　　　　　　　　　　　　　　　　　監修者　田中智志
　　　　　　　　　　　　　　　　　　　　　　　　　　　橋本美保

まえがき

　本書は、大学で教職課程を履修し、将来、教職の道を歩もうと考えている人、もしくは社会人で教職の道にチャレンジしたい人のために執筆されたものである。もちろん、すでに教壇に立ちながら、専門職としての教職の意義を、理論的に深く考え直してみたい現職教員にとっても、本書は十分に役立つはずである。

　教職（Teaching Profession）とは、「教えること」を仕事とする職業の意味であるが、それは、よく子どもに知識を授ける仕事であると単純に考えられがちである。それも一つの要素であるには違いないが、「教える」という行為の本質を突きつめると、実はもっと奥が深いことが分かる。子どもの学びや活動、知ることや探究することの喜びや達成感を味わい、好奇心あふれる生活を実現していくためのさまざまな援助行為が見えてくる。チョーク片手に、教壇で教科書の内容を説明することだけが「教える」ではないのである。

　本書の編集に際して、編者が心がけたことは、現代の教育学の最先端の動向に学びながら、教室、黒板、一斉授業といった、従来型の「教える」のイメージを払拭し、子どもの学びや活動を前景に押し出して、読者が、伸びやかで斬新な教職のイメージを描き出せるようにすることである。

　まず「教師という仕事が開く世界（序章）」では、古代ギリシャ時代のソクラテスに代表される「問いかける教師」と、近代学校制度とともに誕生した「教える教師」を対比させながら、追いつき型近代化が終焉する1980年代以降、子どもの探究活動や表現活動の必要性が説かれるに至る経緯を説明し、子どもという学ぶ主体に向けて「問いかける教師」の重要性があらためて認識されている現状を説明した。

　「子どもが『学ぶ』『育つ』とは何か（第1章）」では、「学ぶ」「育つ」という営みは、あらゆる生き物の生命維持がそうであるように、自己脱皮と自己更新

を繰り返す人間の自己組織化運動の中に内在していることを示そうとした。第2章から第5章の学校論も、子どもの「学び」を基底にしている。

「知の専門職としての教師（限定型）〜欧米型〜（第6章）」と「人間形成する教師（包括型）〜東南アジア型〜（第7章）」では、教職という仕事が、キリスト教、イスラム教などの宗教対立を避けるために、ある意味で知育に限定する傾向の強い欧米の学校と、宗教対立が必ずしも激しくないため、知育のみならず道徳教育や生活指導も含めて教職の根幹と見なす日本および東南アジアの学校の違いを浮き彫りにしようとした。これは、どちらが良いという問題ではなく、それぞれの文化的背景を理解したうえで、専門職としての教職のあり方を深く考えるための比較検討材料を提示したつもりである。

「知の世界を伝える教師（第8章）」「子ども理解を深める教師（第9章）」「教職の独自性と専門性（第10章）」は、教職という仕事を、知の世界、子ども理解、専門性という三つの観点から説明し、教職の理解には欠かせないポイントを述べている。

「省察的実践者としての教師（第11章）」「教室という作業コミュニティ（第12章）」「教師のライフコースと成長（第13章）」では、教師の授業力形成、子どもの学びの組織化、そして教師のライフコースの観点から、教師の力量形成の高まりを具体的に明らかにした。

最後に「自己成長する教師のために（終章）」では、教師は、子ども、同僚教師、保護者、地域住民などとの関係の中で、教育する力を蓄え、人間的にも成長していくこと、したがって、子どもはもちろんのこと、さまざまな他者とかかわりつつ磨かれていく教師の自己成長の姿について述べた。

本書を手がかりにして、読者の皆さんが、教職への夢をさらに大きく膨らませ、教職への厳しい関門を突破するための手助けになれば、編者としてこの上なく幸せである。

2014年3月吉日

編著者　高橋　勝

「教職概論」もくじ

監修者のことば　3
まえがき　5

序章　教師という仕事が開く世界　11

第1節　「問いかける教師」「教える教師」
第2節　子どもの想像力と追究的な学びを育てる
第3節　教師という仕事が開く世界

第1章　子どもが「学ぶ」「育つ」とは何か　23

第1節　子どもが「育つ」とは何か
第2節　子どもが「学ぶ」とは何か
第3節　自己形成空間の再生と学校教育の転換

第2章　「教えること」が目指すものは何か　35

第1節　教育の目的と目標
第2節　学ぶことへの支援
第3節　文化世界への参画
第4節　経験の変容と未知世界への冒険

第3章　知と生活が絡み合う学校空間（スコレー）　47

　　第1節　学校空間の改革
　　第2節　子どもの生活と自己生成
　　第3節　知の世界の構築

第4章　現代学校に求められる教育内容　61

　　第1節　現代に求められる教育内容、能力
　　第2節　教育の目的と豊かな学力
　　第3節　カリキュラム

第5章　現代学校に求められる教育方法　73

　　第1節　ICTを使った子どもへの新しいアプローチ
　　　　　～「憲法の授業を通して」～
　　第2節　生活認識とつなげる
　　第3節　学級崩壊クラスでの授業づくりのポイント
　　第4節　求められている学力

第6章　知の専門職としての教師（限定型）～欧米型～　87

　　第1節　知育する教師
　　第2節　知育に専心できる仕組み～ドイツを例に考える～
　　第3節　対話型の授業
　　第4節　知の世界を探究し、学び続ける教師

第7章　人間形成する教師（包括型）〜東南アジア型〜　*101*

第1節　東南アジア諸国の学校教育と教員
第2節　東南アジア諸国の教育と教授スタイル
第3節　東南アジア諸国の教員養成

第8章　知の世界を伝える教師　*115*

第1節　知の世界
第2節　知識基盤社会
第3節　新しいリテラシー

第9章　子どもの理解を深める教師　*129*

第1節　子どもの世界
第2節　子どもの不安
第3節　子どもの悪
第4節　子どもの仲間意識

第10章　教職の独自性と専門性　*143*

第1節　教職の独自性
第2節　教職観の歴史
第3節　教員養成制度の確立

第11章　省察的実践者としての教師　*155*

第1節　省察的実践とは
第2節　省察的実践者としての教師

第3節　省察的実践者としての成長

第12章　教室という作業コミュニティ　*169*
〜子どもの未来を開くアトリエ〜

第1節　教室という「コミュニティ」
第2節　学びとしての「コミュニティ」の歴史
第3節　現代における「コミュニティ」としての学び
第4節　問題解決型の「コミュニティ」としての教室
第5節　アトリエとしての「コミュニティ」

第13章　教師のライフコースと成長　*181*

第1節　教師の道を選んだ理由
第2節　初任期の教師
第3節　自己確立期の教師
第4節　管理職期の力量形成・成長

終章　自己成長する教師のために　*195*

第1節　子どもが教師を育てる〜教師が育つということ①〜
第2節　教師が教師を育てる〜教師が育つということ②〜
第3節　他者との出会いに開かれた教師であり続けること
第4節　自己成長する教師のために〜おわりに〜

監修者紹介　*207*
編著者・執筆者紹介　*208*

序章

教師という仕事が開く世界

高橋　勝

はじめに

　教師の仕事は、子どもの目には見えない。小学校や中学校、高等学校で授業を受けたり、部活指導をされたりして教師を見てきて、教職に憧れを抱くことはよくある話である。国語における谷川俊太郎の詩の授業の面白さ、あるいはバレーボール部の監督の親身の指導のおかげで、バレーボールがますます好きになり、自分もそうした仕事に就きたいと思うようになるのは、ごく自然な成り行きと言えるであろう。

　しかし、大学で教職課程を履修して教育実習に行き、いざ教壇に立ってみると実に大変で、子どもが思うように動いてくれない、授業が空回りして、子どもが乗ってこない、などの経験をすることになる。すっかり自信を喪失して、大学入学時に胸を膨らませていた教職への夢が崩れ去るという話もよく耳にする。これは、学生の認識が甘かったせいだろうか。

　必ずしもそうとばかりは言えない。その理由は、教室という同じ場所に身を置いていても、教師と子どもでは、その視線の先がまるで異なるという、ごく当たり前のことが、あまり自覚されていないからである。

　子どもが見ている教室と教師が見ていると教室とでは、天と地ほどの違いがある。教師にとっての教室は、授業や生徒指導を展開していく職務の場所であり、全てを見通しきった計画遂行的な場所である。ところが子どもにとっての教室は、居場所であり、学びの場であり、ときには遊び場でもある。毎日何が起こるか分からないワクワク感に満ちあふれた場所でもある。同じ教室空間にいても、教師と生徒ではこれだけの視線の食い違いがある。しかし、考えてみれば、これは当然のことなのだ。

　そこで序章では、教職志望の大学生、大学院生、社会人を念頭に置いて、子どもの視線から教師という仕事の視線に移行するために必要ないくつかの重要なポイントを説明していくことにしよう。

第1節 「問いかける教師」「教える教師」

1　教師とは何か

（1）存在論的アプローチ

　教師の仕事は何か、と問われてもすぐに答えることはできない。その前に、教師とは何かが問われなければならないからである。しかし、教師とは何かを問うアプローチはさまざまある。教育史学的アプローチから、社会学的、制度論的、規範的アプローチに至るまで、多種多様な教師論が展開されている。しかし、ここでは、教職概論の序論にふさわしく、最も根源的に教師という存在を問う存在論的なアプローチを考えてみよう。

　たとえば、よく利用されている『新明解国語辞典』（第7版、2011年）で、「教師」の項目を見てみると、「（組織化された教育機関で）知識を授け技芸を指導する立場にある人」という説明がある。なるほどとは思うが、奥行きのない、ごく一般的な説明で終わっている。「知識を授け技芸を指導する」とはいったいどういうことかの踏み込んだ説明がないからである。

　また、教育行政学の視点から教師をとらえてみると、学校教育法で、教師の配置が説明されている。小学校教師の場合は第37条第1項に、「小学校には、校長、教頭、教諭、養護教諭及び事務職員を置かなければならない」とある。それでは「教諭」の仕事は何かを同法で探してみると、第37条第11項にあるが、「教諭は、児童の教育をつかさどる」としか説明されていない。「児童の教育をつかさどる」とはいったいどういうことなのかについてのさらに踏み込んだ説明はなされていない。

　当然のことではあるが、教育行政学などの制度論的なアプローチでは、公教育としての学校教育制度の担い手としての教師、つまり職務としての教師の果たすべき役割は説明されるが、教師とは何かという哲学的かつ根源的な問いは、法律用語の陰に隠されてしまう。

（2）educator と teacher の違い

　そこで、まず英語の teacher（教師）という言葉の意味を手がかりに、教師という存在の成り立ちを考えてみよう。

　手元にある大部の『新英和大辞典』（研究社、第5版、1970年）によると、英語で教師に当たる言葉には、educator、teacher、instructor、lecturerなどがあり、それぞれに微妙に異なる説明がなされている。

　lecturer とは、ある特定のテーマについて、講演の聴衆や講義の受講者を前に一方的に講義する者をいい、instructor は、一定の方法で、特定の知識・技能を相手に身につけさせる者をさしている。この2語においては、伝えるべき知識内容・技能内容があらかじめ客観的にプールされているという点が重要である。つまり内容中心である。

　これに対してteacher とは、知識・技術の伝達を媒介にしつつ弟子になんらかの影響・感化を与える者である。教える内容よりも、弟子の側の変化そのものに重点が置かれる。さらに educator になると、教えたり伝えたりすることで、弟子の人格的変容や潜在的な能力が引き出される者を指す、とされている。「教師」に匹敵する四つの英語において、「教える」という行為の意味内容は少しずつズレていることが分かるであろう。

　instructor と teacher は意味的に重なる部分も多く、その違いは必ずしも明確ではないが、instructor、teacher と educator の違いは、かなり明瞭である。すなわち、主に知識・技能を伝える者が、instructor や teacher であり、その知識・技能を通して、人格的感化や内発的潜在力を開花させる者が educator であるということになる。

　instructor や lecturer では、明らかに知識・技能といった教育内容が重要で、弟子はその受容者にすぎない。ところが、teacher から educator に移行するに従って、弟子の潜在能力や人格のエンパワー（empower）、つまり人格や能力の「開花」や「開かれ」が問題になる。同じ「教師」という言葉であっても、弟子に及ぼす作用には、これだけの幅の広さが見られる。

　同じような区別は、ドイツ語圏における Lehrer（教師）と Erzieher（教育者）の違いにも見られる。ドイツの教育学者グロートフ（Groothoff、

H.H. 1915-2001）によれば、Lehrerとは、次世代への知識・技能の伝達を主な課題とするという意味で、「知的陶冶、情報のカテゴリー」に属するのに対して、Erzieherは、次世代を責任ある人間関係的・社会的行為にまで導き入れる課題を持ち、その意味では「社会化や人格化のカテゴリー」に属する、と説明している（Groothoff, H.H.、S.424）。英語圏におけるteacherとeducatorの微妙な違いは、ドイツ語圏におけるLehrerとErzieherの違いに、ほぼ匹敵すると考えてよいであろう。

2　人類の教師〜「問いかける教師」〜

　人類の教師（Educator of Mankind）という言葉がある。ほぼ紀元前5〜0世紀のヨーロッパおよびアジアにおいて登場したソクラテス、イエス、仏陀、孔子などの思想家を指している。彼らはいずれも書物は残さなかったが、その教えに深く感化された弟子たちは、こぞって師の言行を記録に書き留めた。言行録は体系的に編纂され、聖なる原典として読み継がれ、世界の精神史・文化史の骨格をかたどってきた。

　「人類の教師」たちの影響力には計り知れないものがあるが、彼らを今日の意味での「教師」（teacher）と呼ぶことはできないだろう。なぜなら、彼らは、あらかじめストックされた教育内容を伝えることはしなかったからである。むしろ、世俗的慣習や社会制度に縛られた民衆に対して、人間としての「善き生き方」を問い、「善く生きること」の根源的意味を「問いかけた」のである。

　ソクラテス（Sokrates　B.C.470 - B.C.399）は、「私は、いまだかつてなにびとの師となったことはありません」（『ソクラテスの弁明』33A）と明言している。これは、同時代のソフィストたちが「社会で役立つ知識」を教えるプロとして自他ともに認める職業的教師であったのと好対照をなしている。残された史料によれば、「人類の教師」がその弟子を相手に行ったことは、生きることへの深い「問いかけ」であり、「対話」（dialogue）であった。少なくとも、社会で役立つ知識の「教え」（teaching）や「伝授」（instructing）ではなかった。前述のように、英語のeducator、ドイツ語のErzieherという

序章●教師という仕事が開く世界　　15

言葉には、単なる情報伝授を超えた、人格的感化、生きる世界の転換、新しい世界への覚醒を触発する者という意味が濃厚に含まれていることに留意しておきたい。

3　近代学校の教師〜「教える教師」〜

これに対して、ほぼ18〜19世紀に成立した近代国家とともに誕生した近代学校の教師（teacher）の役割は、「人類の教師」とはだいぶ異なっている。「人類の教師」は、ソクラテスの言葉に倣えば、世俗的価値を超えて「善く生きること」を問い、人間としての「善き生き方」を問いかけたが、近代学校の教師は、国家の近代化を担う学校教育制度の一員であるから、近代社会（世俗化された社会）を生きるうえで必要な諸知識、技能を子どもに身につけさせていくことが主な仕事になる。

近代社会においては、「学問は身を立つるの財本」（太政官布告「学事奨励に関する被仰出書」1872年）である。3R's（読み・書き・算）を基礎とした学問に励み、実社会に出て必要な知識・技能を修得することが必要不可欠である。スペンサー（Spencer, H.　1820-1903）や福澤諭吉（1835-1901）が説いたように、近代産業社会を生き抜くうえでは、宗教や哲学などの高尚な理屈を学ぶ前に、世界に目を広げ、自然科学、技術を学び、地理、経済を学び、外国語を学ばなければならない。子どもに教えるべき内容は、生活に必要な実学である。したがって近代学校の教師には、「人類の教師」とは異なって、深く「問いかける力」ではなく、子どもが実社会に出たときに役立つ内容を確実に「教える力」が求められてきた。

近代化の途上にある国々においては、国民の就学率を高め学校で読み書きを学ぶことで、識字率を高めていくことが重要である。教科書に記されている内容を丸暗記してでも、子どもの頭の中に詰め込んでいかなければならない。子どもからの疑問や戸惑いは無視してでも、とにかく教育内容や知識を系統的に伝えていくことが、教師には求められてきた。

近代教授学（Didaktika）の開祖コメニウス（Comenius, Johann Amos　1592-1670）は、その教授学のモデルを、当時普及しつつあった「印刷術」（Typographia）になぞらえて、「教授印刷術」（Didakographia）と名づけた。そこでは、教師が印刷職人に、生徒が真っ白な印刷用紙に、教科書が活字に、学校の規律が圧印機にたとえられている（『大教授学Ⅱ』p.137）。

　この巧みな比喩は、近代の黎明期にににおいて教師に期待された役割をみごとに言い当てている。近代において、教師であることの前提には、①教えなければならない活字文化（literacy）の台頭があり、②明確な教育的意図と方法意識の自覚があり、③学校・教室という非日常的で効率的な空間の配置がある。こうして教師は、意識するしないにかかわらず、知識伝達のプロとして、その教える技法に磨きをかけていくことが期待されてきたのである。

第2節　子どもの想像力と追究的な学びを育てる

1　ポスト近代化時代の教師〜子どもの創発的知性を開く〜

　前述のように、近代化時代の教師には、あらかじめ定められた教育内容を、子どもに分かりやすく、楽しく、速やかに教えていく方法技術が求められてきた。ところが、1970年代半ばに、高度経済成長が終焉し、経済的に右肩上がりの時代が終わりを告げ、未来予測がしにくい「不確実性の時代」（ガルブレイス）に入る。これだけ修得しておけば生涯やっていけるという知識のミニマム・エッセンシャルズ（minimum essentials）の輪郭を提示することがほとんど不可能な時代である。急速な社会変化や複雑化とともに、「教える内容」は次々と加算され、膨大な量にならざるを得ない。しかし、その内容をいくら広げたところで、急激な社会変化にはとうてい追いつけない時代がやってきたのである。

　変動の激しい時代では、教えるべき内容は必ずしも重要ではない。むしろそれを、子どもがどう学び、どう習得し、それによって実生活を切り開く力をどう充電してゆけるかが決定的に重要になる。つまり、知っている

ことよりも、未来を開く力にそれを転化できること、知っていることを元手に、想像力や探究力を駆使して新しい価値を創出し、未来を開いてゆける「創発的知性」(Emergent Intelligence) が求められる時代になった。これが、ポスト近代化時代の教師に求められる子どもの学習援助の基本である。

ここでは、子どもという学習者が主体的に積極的に学ぶ「学び方」の研究と実践が重要になる。いかに広範な教育内容を用意し、教師がそれを巧みに教えたとしても、学習者がそれを頭の中に詰め込むだけでは、単なる物知りで終わってしまう。その程度のことなら、事典やネット上の情報検索機能に頼るほうが早いし、はるかに詳しいデータを示してくれる。しかし、既知の知識・技能を駆使して新しい問題を感じ取り、未知の問題に取り組み、それを新しいアイディアで創発的に解決していく力は、情報検索機器には備わっていない。機械にはできない豊かな想像力に支えられた創発的な学びをデザインしていくこと——これが、これからの教師の重要な課題となる。

2　プロジェクト型授業で子どもに「問いかける教師」

近代化時代の教師の役割を、あらかじめスケジュール化されたレールの上を走るプログラム的実践者であるとすれば、ポスト近代化時代の教師の役割は、子どもが生きる生活世界を〈新しいまなざし〉でとらえ直し、不思議な出来事や納得できないさまざまな問題に気づかせること、さらにそれを子どもたちどうしで調べ合い、発表し合い、疑問を解決し合う授業を実践していく構想力や授業のデザイン力が求められる。一言で言えば、未来創出型のプロジェクト学習の支援者である。

そこには、決まりきった答えはない。日常の手あかのついた言葉や概念を何度も吟味し合って、問題の深みへと追究する力を養うことが重要になる。その意味では、ポスト近代化時代の教師には、単なる知識・情報伝達ではなく、まさに2000年前の「人類の教師」がそうであったように、世俗の常識的な価値・規範を乗り越えて「問いかける教師」になることが再び求められていると言えるのである。

「人類の教師」たちは、農耕・牧畜型共同体の古代世界にあって、共同体の数々の制約を乗り越えて「善く生きること」（ソクラテス）を問うたのに対して、現代の教師は、科学・技術文明が高度に発達し、情報と経済がグローバル化し、ローカルな地域共同体という日常的世界がますます崩壊の危機にさらされる中で、「善く生きること」の意味を、子どもたちと共に問い直すことが求められている。それは、環境問題、資源問題、国際問題、福祉の問題、持続可能な社会の設計など、まさに地球市民（global citizen）に必要な教養形成の役割が求められていると言いかえることもできるであろう。

第3節　教師という仕事が開く世界

　教育学者の佐藤学（1951-）は、学校における教師の存在論的特徴として、専門職としての曖昧さと仕事の無限定性、子どもと向き合うことの奥深さと結果の不確実性、仕事の複雑さなどを挙げ、単に教育の専門職者として一義的に規定するのではなく、むしろ専門職者と素人の間をつなぐ「中間者＝媒介者」として規定し直すことを提案している。佐藤はこう述べている。

　　たとえば、教師という存在は〈子ども〉と〈大人〉、〈母性〉と〈父性〉、〈素人〉と〈専門家〉、〈大衆〉と〈知識人〉、〈学習者〉と〈教育者〉、〈実践家〉と〈理論家〉、〈芸術家〉と〈科学者〉、〈市民〉と〈官僚〉、〈従属者〉と〈権力者〉、〈俗人〉と〈聖人〉など、さまざまな二項関係における中間的な性格をあらわにしている。教師という存在は、どのような明確な定義を与えたとしても、現実には「中間者」（intermediator）なのである。（『教師というアポリア』p.9）。

　佐藤の「中間者＝媒介者」としての教師の見方は、教師の現実の仕事内容を実に的確に言い表していると言える。教師は、高度の専門職者である

ことが望ましいが、医師、弁護士などのように、厳格に限定された職分における専門職とはだいぶ異なっている。教師の仕事内容は、それほど狭く限定されてはいないからである。教科指導、教科外指導、生徒指導、学級経営、道徳教育、総合的な学習の時間の指導、進路指導、児童会・生徒会活動の指導、保護者対応、さらにはおびただしい校務分掌に至るまで、一人の教師が行う職務には、これほどの広がりが見られる。それは、子どもの学びと生活の全領域にかかわることが、教師の仕事の本筋であるからである。しかも教師の仕事は、他の同僚教師や保護者との連携の下に行われることが通例である。狭く限定された職務だけを遂行する医師や弁護士の仕事とは、だいぶ性格を異にしている。

　それでは、教師の仕事は無限定で、まとまりがないのかと言えば、決してそうではない。前述のように、未来に生きる子どもの学びを創造的にデザインし、学校を望ましい未来社会の縮図・設計図に組み立てていくことが、多様で広範な教育活動を統合的に貫く主導線となる。

　アメリカの教育学者デューイ（Dewey, John　1859-1952）は、学校を「萌芽的なコミュニティ」（embryonic community）と呼び、そこでは、衣食住を含めて地域共同体の生活のエッセンスがしっかりと根づいていることが重要であると指摘している（『学校と社会・子どもとカリキュラム』p.66）。そう考えるならば、学校とは、子どもが単に教科を学び、道徳を学ぶ場所であるだけでなく、大人社会と同様に、社会生活の最も善きあり方（way of community life）そのものを学ぶ場所であると言えるのである。

　すなわち、子どもは学校に通うことで、望ましい未来社会を先取りした社会生活のあり方を日常的に学んでいくのである。こうした学校における教師は、単に「教える人」であるだけでなく、現実の社会に一歩先んじて、これからの望ましい未来社会の理想を思い描いて実践して見せる社会的実践者の一人である、と言うこともできる。

【文献一覧】

エラー, H.（鳥山雅代訳）『人間を育てる：シュタイナー学校の先生の仕事』トランスビュー、2003年

北村和夫『環境教育と学校の変革：ひとりの教師として何ができるか』農山漁村文化協会、2000年

コメニウス（鈴木秀勇訳）『大教授学 第2』(世界教育学選集) 明治図書出版、1962年

佐伯胖・黒崎勲・佐藤学・田中孝彦・浜田寿美男・藤田英典編『教師像の再構築』(岩波講座現代の教育第6巻) 岩波書店、1998年

ショーン, D.（佐藤学・秋田喜代美訳）『専門家の知恵：反省的実践家は行為しながら考える』ゆみる出版、2001年

佐藤学『教師というアポリア：反省的実践へ』世織書房、1997年

高橋勝『学校のパラダイム転換：〈機能空間〉から〈意味空間〉へ』川島書店、1997年

高橋勝『文化変容のなかの子ども：経験・他者・関係性』東信堂、2002年

高橋勝編著『子ども・若者の自己形成空間：教育人間学の視線から』東信堂、2011年

デューイ, J.（市村尚久訳）『学校と社会・子どもとカリキュラム』(講談社学術文庫) 講談社、1998年

鳥山敏子『生きる力をからだで学ぶ』トランスビュー、2001年

福澤諭吉『福沢諭吉選集〈第3巻〉学問のすゝめ』岩波書店、1980年

プラトン（田中美知太郎訳）『ソクラテスの弁明』(世界の名著『プラトンⅠ』) 中央公論社、1968年

渡部淳『教師：学びの演出家』旬報社、2007年

Groothoff, H.H.,"Erzieher", in D.Lenzen（Hrsg.）; *Pädagogische Grundbegriffe.* Bd.1. Stuttgart, 1994

第1章

子どもが「学ぶ」「育つ」とは何か

荒井聡史

はじめに

　私たちは、子どもが毎日学校に登校し、授業を受け、定められた内容を学ぶことを当たり前だと思っている。そして、学校教育を通じて学ぶ中で、子どもは育っていくものだと思っている。しかし同時に私たちは、学校で学ぶ知識や技術について、やがて成長したときにそれが社会で生きるうえで本当に必要なものなのかと疑問に思ったことが少なからずあったのではないだろうか？　ここには「学ぶ」ことと「育つ」ことの関係への根本的な疑問がある。

　また、私たちはただ授業内容を鵜呑みにし、吸収していたわけではなく、自分なりに吟味したり咀嚼したりしていたし、そのような私なりの学び方が、今の私を形作っていると思える。さらには、そのような学びだけが今の私を形作っているわけではないとも思う。

　このように学習者としての自分を振り返って見るとき、私は「子どもは教師が教えること以上のことを学ぶ」という大学時代の恩師の言葉を思い出す。その言葉を聞いたときにはなるほど、と思ったものであるが、その当時の私にはその意味を深くまで理解していたわけではなかったと、今にして思う。ここには「学ぶ」ことそのものへの問いがある。

　そこで本章では子どもが「学ぶ」「育つ」という、日常的には当たり前と思われている現象の背後にあるものを見つめることによって、子どもが「学ぶ」「育つ」とは何かを考えてみたいと思う。

第1節　子どもが「育つ」とは何か

1　意味の世界

　まず、子どもが「育つ」とはどのような事態なのか、そして子どもが「学ぶ」ことと子どもが「育つ」こととがどのような関係にあるのかを考

えることから検討を始めてみたい。

　子どもが「育つ」というとき、それはただ身体が大きくなるとか、単なる生物として成長するとかということだけではなく、人間の子どもとして育つことを意味する。オランダの教育学者ランゲフェルト（Langeveld, Martinus Jan　1905-1989）は、身体的な限界を突破し、意味の世界に生きることが人間の特質であると指摘している。この意味の世界は、子どもが誕生する以前から存在する世界であり、したがって歴史の中で先人たちによって形づくられてきた世界である。同時に、それは多くの人々によって共有されてきた世界であるとともに、子どもがこれから他者と共有していく世界でもある。子どもはこの世に誕生した時からすでに、単なる小さな動物ではなく、文化と社会によって歴史的に織りなされてきた世界に生きる社会的存在＝人間なのである。

2　世界形成と自己形成

　子どもが手の届かない遠くのものを指差し、大人に教わりながらそのものの名前を呼ぶとき、子どもはすでに身体の限界を超え、意味の世界に導き入れられている。やがて活動範囲が広がるにつれ、子どもは自ら意味の世界に進んで歩み入り、自分なりの世界を意味づけていくと同時に、そのように少しずつ広がる世界に生きる自分を確認していく。子どもは自己の世界を形作りながら、そのような世界を生きる自分を形作っていく。しかし、幼い子どもはまだ頼りなく、傷つきやすい。したがって、子どもは大人に守られ、基本的な信頼関係の中で安らいで生活することを基本的条件としている。また、言葉や、人間らしい振る舞い、その他いろいろなことを大人から教わらねばならない。子どもが「育つ」ためには、大人の存在が不可欠である。同時に、子どもは少しずつ大人の手を借りずに自分で何かをやり遂げることができる存在になっていかねばならないし、そのような存在になりたいとも願っている。初めはお手本となる大人の姿をまねながらも、子どもはやがて大人の単なるコピーではない何者かに自らなろうとする。

ランゲフェルトは子どもの発達を「意味賦与の歴史」(『教育の人間学的考察』p.57) とも呼んでいるが、このように、子どもが「育つ」とは、大人の導きを手がかりとしながらも自ら探検や冒険を繰り返して、この合わせ鏡のような世界形成と自己形成を拡大していくことにほかならない。したがって、個々の子どもの世界形成—自己形成はどれ一つとして同じものはなく、個性的で創造的な過程なのである。

3　「学ぶ」と「育つ」の関係

　では、子どもが「学ぶ」ことと「育つ」こととはどのような関係にあるのだろうか？

　めざましく成長しつつある乳幼児期から児童期にかけての子どもにとって、「学ぶ」と「育つ」はほぼイコールの関係のように見えるが、しかしそれは完全にイコールではない。いうまでもなく生物学的な成長の過程、たとえば身体が大きくなることは学習とはほぼ無関係に進展するし、四肢の機能が発達すること（たとえば、力が強くなる、早く走れるようになる、手先を器用に動かせるなど）は、環境との相互作用の影響——それも心理学的には「学習」と呼びうるが——があるにせよ、子どもの主体的な学習の影響は比較的小さい。また、大人と共に生活する中で、大人も子ども自身も意識しないうちに大人の行動の仕方や考え方、態度などを身につけてしまう「薫陶(くんとう)」と呼ばれる過程もあるし、大人がある行動様式を意図的に子どもに習慣づけようとした結果ではあるものの、子ども自身は大人の意図に全く気づくことなくその行動様式を身につけてしまう「感化」と呼ばれる過程もある。

　したがって、子どもの「学ぶ」という過程を子どもの主体的・意図的な学習の過程とするならば、子どもは「学ぶ」ことだけによって「育つ」のではないと言える。さらに、児童期を過ぎて青年期に差しかかる頃から、人間は学ぶだけではなく、自ら責任を引き受けたり、困難に直面して自ら態度を決めたり、自分の人生を自ら打ち立てようと努力したりするなど、「学ぶ」こと以外から「育つ」経験を多くするようになる。こうして見る

と、子どもが「学ぶ」こととは、子どもが「育つ」ことの一部にすぎないことが分かるだろう。ただ、児童期の子どもは大人以上に「学ぶ」ことが「育つ」ことに直結しており、また同時に「育つ」ためには多くのことを「学ぶ」必要があるために、両者がほぼイコールのように見えるのである。

4　学校での「学ぶ」「育つ」

ところで、学校は確かに子どもたちが「学ぶ」場ではあるが、同時に子どもたちが「育つ」場でもある。このことは当たり前のことのように思えるかもしれないが、教科教育中心の学校教育では、実はこの点が見失われ、「学ぶ」ことのみが問題の中心になりがちであることに注意しなければならないだろう。学校で学ぶ知識や技術は、自分が成長したときに社会で生きるうえで本当に必要なものなのか、と子どもが疑問に思うのは、まさにこの点にあるからである。そして、「子どもは教師が教える以上のことを学ぶ」という言葉の重さもこの点にあるのである。

第2節　子どもが「学ぶ」とは何か

1　「雨戸のファンタジー」

堀内守（1933-）の『冒険の心こそ成長の芽』という本は、架空の男の子「民夫」の体験的な世界を描くことで教育の意味変換をねらったユニークな著書であるが、その中に「雨戸のファンタジー」という一節がある。

　　朝、目をさますと、障子に何かが映っていた。民夫はそろそろと起き上がり、それが何であるか確かめようとした。
　　外の風景がさかさまに映っている。
　　障子の外側には雨戸がしまっている。古い雨戸の隙間から光が漏れ、レンズのはたらきをしているのだ。外の風景が映っているといっても、鮮明

ではなかった。すべての輪郭はぼやけている。針穴写真器で見た光景よりも薄ぼんやりしている。…昼間雨戸をしめることは、両親がいる時には許されないだろう。でも、いつか、自分で実験をしてみたいものだ。

民夫はその実験を土蔵の中でできることに気がつく。

　いつものように民夫は土蔵の二階にあがってみた。小さなあかりとりの窓が一つだけ南側についていた。それを彼は古い風呂敷でおおった。細い隙間のところに愛用の虫メガネのレンズを結びつけた。手前の方に古障子を立てかけた。…準備が終わってから、彼はおもむろに障子とレンズの距離を調整した。…ややあって、彼は自分の目を疑った。何と、外の景色が色つきで見えるのだ。リンゴの木の幹の白っぽさが葉のみどりと対照的に見える。向かいの家の屋根がわらの色、その横の垣根、遠くの太郎山までが見なれたままの色彩で見える。
　彼は息を殺して、その風景に眺め入った。これは絶対の秘密にしておかなくてはならない。彼は障子を元の場所に戻し、風呂敷をはずし、レンズをていねいにポケットにしまった。そして足音をひそめて階段を下りた。
　学校の工作の時間に作った針穴写真機などはチャチなものだと思う。土蔵全体が暗箱になれるのだから、こちらの方がはるかに仕掛けが大きい。彼は不器用なため、うまくできなかった針穴写真器を思い出し、外に歩み出ながら溜飲をさげた（『冒険の心こそ成長の芽』pp.55-57）。

ここには日常生活の中での偶然の出来事をきっかけに、学校の授業を手がかりとしながらも、光学上の知識を自分なりに工夫して全身で体験する子どもの姿がある。そのきっかけとなった雨戸は縁側に設置されていたものであるが、縁側は近所の人との交流の場でもあり、母親とご近所の人が深刻な話をしているときに民夫が雨戸のレールにビー玉を転がして遊んでいたら怒られた場所でもある。それ以降、民夫はそういった雰囲気が感じられると、そこからさっさと離れることにした。また、雨戸は単に雨風を

しのぐためだけのものではなく、近くでオートバイ事故を起こした人を運ぶために担架として使われたこともある。雨戸を返しに来た人が清めの塩を振りかける様を、民夫は不思議な思いで眺めた。民夫の雨戸についての体験には、単に光学的な実験の体験だけでなく、日常の、あるいは非日常のさまざまな生活体験がまとわりついている。民夫はその中でわくわくしたり、びっくりしたりしながら、自分だけの秘密の世界を作り上げているのである。

2　「学ぶ」ことの背景に潜むもの

　このように、一つの「知」の背後にはその「知」を成り立たせるためのさまざまな裾野ないしは「地平」が複雑に織りなされている。一人の子どもが学ぶ「知」は、その子の体験してきたさまざまな地平の織物の上に成立するのである。その「知」を支える地平とは、さまざまなヒトやモノとの交流の中で生まれる体験的な偶然の出来事の結果であり、また、それは全てが本人の意のままになるわけではないという意味で、苦しみを伴う体験を多く含んでいる。子どもが「学ぶ」ことの背後には計画的・意図的なプログラムから逸脱した偶然性・受苦性に彩られた経験の履歴が潜んでいるのである。

　どんなに教師が教科課程の目的に沿って計画的に授業を行っても、その「知」は個々の子どもがそれまでの生活の中で背負ってきた体験の地平の織物の上で編み直され、教師の意図とは微妙にずれながら学ばれることになる。つまり、「子どもは教師が教えること以上のことを学ぶ」のである。教師から子どもたちが何かを「学ぶ」とき、その学びは教師の意図的・計画的な取り組みにもかかわらず、常に個々の子どものそれまでの偶然的・受苦的な「育つ」という経験の履歴に編み込まれて個性的な姿をとることになる。教育とはこのような「すれ違い」を本質とする営みであるとも言える。

3　近代学校教育が見落としたもの、近代学校教育を支えるもの

　近代的な公教育制度の成立に端を発する学校教育は、基本的には意図的・計画的に生徒に知識・技術を効率よく伝達する場として発展してきた。そのために学校教育での学びは、残念ながら「雨戸のファンタジー」に見られるような「学ぶ」ことの背後にある偶発的で受苦的な体験の地平——それは意図的・計画的に編成できるものではないために非効率的である——を視野に入れないまま展開されてきたと言ってよい。

　しかし和田修二（1932-）は『人間の生涯と教育の課題』という著書に収められた論文の中で、日本の近代化の隠れた前提として、日本人の前近代的な伝統が日本の近代化を陰から補完する機能を基にしてきた面に注意を促している。近代学校教育が一つの成果を収め、社会の発展を促したのは、実は前近代的な生活基盤があったからこそであり、学校外の生活で営まれてきた前近代的で豊かな体験的地平によって支えられてきたからこそ近代学校教育の学習が成立し得たのである。

4　転換期にある子どもの「学び」

　その近代学校教育のプロジェクトは、現在転換期を迎えている。まず情報消費社会、グローバル社会の進展により、何をどのように学ぶべきなのかが劇的に変化しつつある。確かにこの変化は、学校教育のあり方に大きな転換を促すものであろう。現在の学校教育をめぐる大きな問題と混乱の多くは、このような文化と社会の変化が激しすぎるために学校教育の改革が追いついていない、という点にある。それは「何をどのように学ぶことがこれからの子どもたちに必要なのか」という問題として、私たちの目の前に現れている。文部科学省が提起した「新しい学力観」やOECDのDeSeCoプロジェクトが提起した「キー・コンピテンシー」などは、そのような問いに対する一つの回答と言えよう。

　しかし、実はそれ以上に子どもの学びにとって深刻な変化は、かつて子どもたちが学校の外で享受していた前近代的な体験が失われつつあるとい

う点である。近代化が極限まで進んだ結果、子どもたちの学校内外の生活は、情報と効率性・合理性を重視する世界観に取り囲まれ、子どもの学習を支える偶発的・受苦的で非効率的な体験的世界は失われつつある。その結果、子どもたちの学びを支える「育つ」ことの経験が乏しくなっている。それはつまり個性的で創造的な世界形成——自己形成を充実させる基盤が衰退しつつあるということでもある。この問題を解決するには、失われつつある前近代的な生活基盤に代わって、子どもたちの学びと育ちを支える体験的基盤を現代的な形で保障する必要がある。

第3節　自己形成空間の再生と学校教育の転換

1　自己形成空間の再生の必要性

　高橋勝（1946-）は、子どもたちの人間形成を支えてきた体験的基盤を「自己形成空間」として描き出すことによってこの問題を主題化している。高橋の言う「自己形成空間」とは、子どもがさまざまな他者・自然・事物と〈かかわり合う〉中で徐々に織り成されていく意味空間であり、相互に交流し合う舞台である。それは、「①物理的な等質空間というよりも、そこで人々が出会い、多様な関係性（物語）を織り上げることのできる象徴的な場所、②対象を一方的に操作する場所ではなく、能動性と受動性とを内に含んだ『相互的かつ受苦的な場所』、③無意識のうちに『古い自己』の解体と『新しい自己』の再生が進行する自己生成のきっかけを生む場所」（『子ども・若者の自己形成空間』p.24）、という特徴を持っている。それはもう少し平易に言えば、子ども・若者をめぐって、多世間の応答関係や交流が生じる場所、学校のような〈教師・生徒〉関係、家族のような〈母子・父子〉関係のようなタテ関係だけでなく、仲間どうしのヨコ関係や、地域の大人たちとの関係、他者との出会いのように、ナナメの関係や新しい他者関係が生じる場所である。現在失われつつある子どもたちの体

験的基盤の保障とは、この「自己形成空間」の再生にほかならない。

　しかし、この自己形成空間の再生という課題は一朝一夕に実現するものではない。近代学校教育を支えた前近代的な生活基盤全てを学校空間の中だけで再現することには無理があるし、それが可能だと考えるのは、子どもの経験全てを学校という組織の中で管理・操作しようとする危険な思考とも言えよう。したがって、子どもの自己形成空間の再生という課題に取り組むためには、学校教育の転換のみならず学校外の世界の転換、特に地域の再生が不可欠である。この地域の再生という課題は、短期間で成し遂げられるものではなく、長期にわたる粘り強い取り組みを必要とするし、教育の領分をはるかに超え出た日本社会全体の問題でもある。ただし、その粘り強く継続的になされるべき取り組みの一つとして、学校教育の転換によってできることもあるはずである。

2　学校教育の転換とカリキュラムの創造

　佐藤学（1951-）は日本各地の学校を訪問し、さまざまな学校改革に取り組んでいる。そして、その中で学校内の改革を地域連携と連動させ、「学びの共同体」という学校の未来像を提起している。学びの共同体としての学校とは、子どもたちが学び育ち合うだけでなく、教師たちも教育の専門家として学び育ち合い、親や市民も学び育ち合う場所としての学校である。そのような地域の再生を巻き込んだ学校の内側からの改革の中心となるのが、カリキュラムの創造への学校教育の転換である。

　「カリキュラム」は、日本では「教育内容の配列」や「教育計画」などと混同されがちであるが、その概念史をたどってみれば「学びの軌跡」、「学びの履歴」という側面も持っている。つまり、「カリキュラムづくり」とは「目標」や「計画」の一覧表を作ることではなく、実際に学びの経験を創造することである。カリキュラムは、教室で教師が子どもと向き合いながら日々創造されるものなのである。現在は「総合的な学習の時間」への取り組みから、どの学校でもこのカリキュラムづくりが課題となっており、その中で地域を巻き込み、学校を中心としてコミュニティづくりを推

進しようとする動きが日本各地で起こっている。

　カリキュラムの創造を軸として学びの共同体へと学校を改革する取り組みは、学校教育の転換を軸とした自己形成空間再生の一つの可能性を示していると言えよう。

おわりに

　先に「子どもは教師が教えること以上のことを学ぶ」という言葉を取り上げ、教師の教授行為と子どもの学習行為は「すれ違い」が必然であると述べたが、教師は自分の行為が意図どおりの成果へとつながらないことに落胆する必要はない。むしろ、その「すれ違い」こそ、教授と学習が創造的過程であることの基礎であり、この「すれ違い」を真正面から受け止め、子どもと共に教師も学ぶことこそがカリキュラムの創造の発端となるのである。そのとき教師―生徒という立場に上下関係はなくなり、「学びの共同体」の一員として互いに出会うことが可能になる。だとすれば、「子どもは教師が教えること以上のことを学ぶ」という現象を喜んで受け止め、子どもの自己形成という創造的過程に立ち合うすばらしさを感受することこそ、むしろ教職のだいご味ではないだろうか。

【文献一覧】
　佐藤学『授業を変える学校が変わる：総合学習からカリキュラムの創造へ』小学館、2000年
　高橋勝編著『子ども・若者の自己形成空間：教育人間学の視線から』東信堂、2011年
　堀内守『冒険の心こそ成長の芽』(灯台ブックス79) 第三文明社、1984年
　ライチェン, D. S.・サルガニク, L. H. 編著（立田慶裕監訳）『キー・コンピテンシー：国際標準の学力をめざして』明石書店、2006年
　ランゲフェルト, M. J.（和田修二訳）『教育の人間学的考察〔増補改訂版〕』(転換期を読む17) 未来社、2013年

和田修二・山崎高哉 編『人間の生涯と教育の課題：新自然主義の教育学試論』昭和堂、1988 年

第2章

「教えること」が目指すものは何か

阪根健二

はじめに

　教師は、「教えること」が仕事である。しごく当たり前の職務内容だが、これが目指すものはいったい何であろうか。この根源的なテーマこそ、しっかりと論議し、自分の考えをまとめておくべきだろう。いざ教師という職に就くと、日々のルーティンワークの中で、いつの間にか「教える」という意味が分からなくなっていくことがある。だからこそ、学校現場の教師は日夜研さんしているのである。

　実践者として多くの尊敬を集める大村はま（1906-2005）は、戦前・戦後を通して、国語教師として実践教育に携わり、生涯"教える"ということを貫いた。その多くの著書に影響を受けた教師は少なくない。その中で『教えるということ』は、今から40年前に書かれた書ではあるが、単なる教育技術書ではなく、哲学的でもあり、今なお多くの示唆に富んでいる。これは、当時の新規採用教員研修の講演記録であるが、教師にとって手厳しい言葉が綴られており、「教えること」の怖さと難しさを伝えている。その一部を引用してみよう。

　　　教師の世界はわりあい甘い世界です。いえ、わりあいどころか、非常に甘いこわい世界だと思います。なぜこわい世界かといいますと、第一に教室では、自分が一人だということです。それから、生徒は何か悪いことがありますと、自分が悪いと思うようにできているということです。日本にはそういう伝統があるようです。（中略）先生の指導がどうだったかなど考える、そういう子はいないのです。かりにいたとしても言いません、言ってはいけないと考えています。こういうふうに一般社会とは全然違って、相手を責めても向こうは怒らない、そういう習慣になっていますから、教師という仕事は非常にこわい仕事です。相手が子どもなので、先生の方が悪くてもわからないのです（『新編教えるということ』p.59）。

　このことは、これから教師を目指す人にも、しっかりと意識してほしい

内容と言えよう。つまり、教えるという仕事は、決して上からではなく、ある意味謙虚であり、教師という専門職として、これからを生きる子どもたちに、「生きる力」をつけていくことを目標としている。単に教えてあげているという曖昧な意識の中では、教育の目指す方向がいつの間にか見えなくなっていくのである。このように、教えるということは、簡単なようで難しいことなのである。

第1節　教育の目的と目標

1　教育基本法において

　教育基本法（2006年12月22日法律第120号）では、教育の目的と目標を、以下のように示している。

第1条（教育の目的）
　　教育は、人格の完成を目指し、平和で民主的な国家及び社会の形成者として必要な資質を備えた心身ともに健康な国民の育成を期して行われなければならない。
第2条（教育の目標）
　　教育は、その目的を実現するため、学問の自由を尊重しつつ、次に掲げる目標を達成するよう行われるものとする。
一　幅広い知識と教養を身に付け、真理を求める態度を養い、豊かな情操と道徳心を培うとともに、健やかな身体を養うこと。
二　個人の価値を尊重して、その能力を伸ばし、創造性を培い、自主及び自律の精神を養うとともに、職業及び生活との関連を重視し、勤労を重んずる態度を養うこと。
三　正義と責任、男女の平等、自他の敬愛と協力を重んずるとともに、公共の精神に基づき、主体的に社会の形成に参画し、その発展に寄与する態度

を養うこと。
　四　生命を尊び、自然を大切にし、環境の保全に寄与する態度を養うこと。
　五　伝統と文化を尊重し、それらをはぐくんできた我が国と郷土を愛するとともに、他国を尊重し、国際社会の平和と発展に寄与する態度を養うこと。

　このように、教育基本法で、教育の目的や目標は規定されており、これを受け、学校教育法（2011年6月3日法律第61号）において、校種ごとの目的や目標が定められている。そこでは、「生涯にわたり学習する基盤が培われるよう、基礎的な知識及び技能を習得させるとともに、これらを活用して課題を解決するために必要な思考力、判断力、表現力その他の能力をはぐくみ、主体的に学習に取り組む態度を養うことに、特に意を用いなければならない」（学校教育法第30条第2項）と定められているのである。
　これらが、日本の教育の目指す方向であることは言うまでもない。これを具現化するのが教師自身であり、法規や学習指導要領を順守しつつ、教師の創意工夫や独創性が必要なのである。これらが、教える内容の基盤と言えよう。

2　教える内容とは

　教える内容として、教科書などがあるが、それをそのまま伝達することが「教えること」の本質ではない。教授の技法や学習方法などさまざまなファクターがあり、ある意味料理人と同じだと言えよう。仮にすばらしいレシピがあっても、そこに料理人の技や感性がないと成り立たない。一方で、経験だけでもうまくいかないのである。つまり、教師の力量とは、授業力というスキルと同時に、経験や知見をフルに活用した「総合的な力」が左右するのである。
　また、変化の激しいこれからの社会を生きる子どもたちには、「生きる力」と「確かな学力」を育むことが必要である。この生きる力とは、変化の激しいこれからの社会を生きる子どもたちに身につけさせたい「確かな学力」「豊かな人間性」「健康と体力」の三つの要素から成る力であり、

図●これからの時代に求められる力とは？

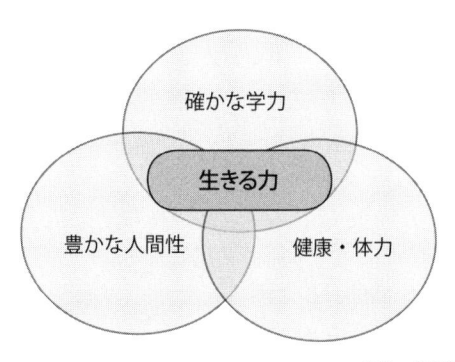

- 確かな学力
- 豊かな人間性
- 健康・体力
- 生きる力

出典：文部科学省「確かな学力」

「確かな学力」とは、知識や技能はもちろんのこと、これに加えて、学ぶ意欲や自分で課題を見つけ、自ら学び、主体的に判断し、行動し、より良く問題解決する資質や能力等まで含めたものである。こうした資質や能力を育むことが、教師に求められる（文部科学省Webページ「確かな学力」より）。

　この流れは、IEA国際数学・理科教育動向調査（TIMSS）、OECD生徒の学習到達度調査（PISA）等の近年の全国的・国際的な調査結果などから、日本の教育に大きな課題があることが分かり、より明確に位置づけられたものと言える。その課題とは、①子どもたちには判断力や表現力が十分に身についていないこと、②勉強を好きだと思う子どもが少ないなど学習意欲が必ずしも高くないこと、③学校の授業以外の勉強時間が少ないなど学習習慣が十分に身についていないことなどであり、学力に関連して、自然体験・社会体験・生活体験など子どもたちの学びを支える体験が不足し、人やものとかかわる力が低下していることなどの課題も明らかになった。それが、「確かな学力」「生きる力」として、子どもたちに求められる力であることが前提となったものだと言える。これらの育成を行っていくために、まずは「生きる力」を、知の側面からとらえた「確かな学力」の確実な育成を、当面取り組むべき課題として、文部科学省は考えたのである。

3　教育思想の流れから

　教育についての考え方は、実践から生まれ、実践を通して確立されてきたと言える。しかし、教育学といった学問となるまでにはさまざまな変遷があった。近代の教育思想を考えると、ルソー（Rousseau, Jean-Jacques 1712-1778）、ペスタロッチ（Pestalozzi, Johann Heinrich　1746- 1827）、フレーベル（Fröbel, Friedrich Wilhelm August　1782-1852）などによる「教育実践」の流れが底流にあり、感覚と感性の実践が主流だったと言える。その後、近代教育学の建設者といわれるヘルバルト（Herbart, Johann Friedrich　1776-1841）によって、「科学的な教育学」が確立されていった。

　ヘルバルトは、経験による従来の教育観を乗り越え、統一的な原理の下に体系化させたが、その中心が「教育的教授（Erziehender Unterricht）」である。ヘルバルトの教育の目的は「道徳的品性の陶冶（とうや）」であり、倫理観の獲得であると言えよう。そこでは、経験・感覚・知識・技術などの獲得が、それぞれの人が自分自身のために陶冶しようとする教育こそが望ましいと考えたのである。そして、その方法として、「管理」（Regierung）、「教授」（Unterricht）、「訓練」（Zucht）、という三つの概念でとらえたが、このうち、「教授」である「教える」という概念は、知識や技能を一方的に教え込んだり、記憶させたりすることだけではなく、子どもに興味・関心を持たせるという視点を重視している。ヘルバルトは、教育の目的を倫理学に置き、教育の方法を心理学に分け、その脈絡と統一の過程を明らかにしようとしたが、その後の改革派の教育学の流れの中で、教え込みや訓育的なニュアンスとして曲解されがちであった。しかし教えることの前提として、興味・関心といった心理的な側面を重視しており、この点では現在の教育学においても異論はないだろう。

第2節　学ぶことへの支援

1　学習とは何か

　「学ぶ」ということについて、過去からさまざまな研究がなされてきた。これは、受け身としての学習者を見るか、主体的な存在として学習者を見るかによって大きく異なってくる。学び（学習）についての研究の流れにも、この両者による変遷が見られる。たとえば、1960年代には、プログラム学習が提唱され、授業設計などに大きな影響を与えた。これは「行動主義」と呼ばれ、個別学習やフィードバックなどの教育工学的な手法の原点となった。この時期の評価論とともに、教師がいかに効率よく、システマテックに教えるかという点が重要であった。その後、自らが持っている知識構造を活用して、環境（教具や教材など）に働きかけて、新たな知識構造を構成するという「構成主義」が提唱され、学習者の能動性を重視するようになった。ここでの教師の役目は、子どもが事実や考えを見つけることを手助けすることであり、これが主体的・積極的な学習観となって今に至っている。つまり、学習とは、知識を詰め込むことではなく、指導者の企図と学習者の主体性があってこそ成果が上がるものであろう。いずれにしても、そこには知的好奇心が存在し、それをどう活性化するかが教師の役割となると思われる。とすれば教師は、学びの支援者たるべきなのである。

　しかしそれであっても、その前提となる基礎・基本が必要であることは言うまでもない。これは、広義的には「知・徳・体」であり、狭義的には「読み・書き・計算」といわれるものである。これらは、知識・技能というカテゴリーと思われがちだが、現在では、学ぶ意欲、学び方、思考力、判断力、表現力、課題発見能力、問題解決能力まで含んでおり、教師側からの発想だけではなく、生徒側からの学びという視点がより重視されているのである。

2　学びの支援者として

　学力向上を目指したある学校では、「先生がいるかいないのか分からない授業」が理想として、全校挙げて取り組んだという例を聞く。この場合、教師は子どもの自主性や自発性を重視して、子どもと向き合うことを一義とした。教師が脇役となり、子どもが前面に出ることを示しているが、これは手抜きでも放任でもない。こうした教育を実践するには、学校組織が成熟し、理念の統一や教師の事前の準備などが欠かせない。つまり、教師に力量がなければ成立しないのである。

第3節　文化世界への参画

1　文化世界としての学校

　学校は、文化の継承地である。ここでは、不易と流行の世界があり、まさに文化世界と言えよう。子どもたちに知りたい、分かりたいという知識の獲得欲求が湧いてくるよう、文化世界に誘い、参画させることが求められる。

　文化世界とは何であろうか。文部科学省の文化審議会では、2002（平成14）年4月、「文化を大切にする社会の構築について」（答申）において、今後の社会における文化の機能・役割について取り上げている。

　そこでは、「文化は、①人間が人間らしく生きるために極めて重要であり、②人間相互の連帯感を生み出し、共に生きる社会の基盤を形成するものです。また、③より質の高い経済活動を実現するとともに、④科学技術や情報化の進展が、人類の真の発展に貢献するものとなるよう支えるものです。さらに、⑤世界の多様性を維持し、世界平和の礎とな」るとしている。つまり、文化とは、単なる生活様式や価値観だけではなく、人間が理想を実現していくための精神の活動およびその成果であると言える。

この文化を大切にする心を育てるためには、「教員が豊かな感性や幅広い教養を持ち、学校教育活動全体を文化的なものにする」ことを同答申で指摘しているが、子どもが文化活動に参加し、文化に関するさまざまな体験の機会の充実を図り、豊かな人間性や多様な個性を育むように教師が仕掛けていくことが重要である。

2　知的好奇心の育成

　知的好奇心は、物事を探究しようとする自発的な感情である。知的好奇心にあふれた子どもを育成するには、学ぶ環境が形成される必要がある。たとえば、外部講師の活用や体験的・問題解決的な学習の機会を充実することなどが挙げられる。

　学習指導要領でも、子どもたちに基礎的・基本的な知識・技能をしっかり身につけさせ、それを活用しながら、自ら学び自ら考える力などの「生きる力」を育むことなどをねらっており、知的好奇心や探究心を持って、自ら学ぶ意欲や主体的に学ぶ力、論理的に考え判断する力、自分の考えや思いを的確に表現する力、問題を発見し解決する能力などの育成を重視し、このような能力を育成するため、ものづくりなどの体験的な学習を積極的に各教科などに取り入れていくこととしている。

第4節　経験の変容と未知世界への冒険

1　経験主義と系統主義

　経験主義的な教育は、子どもの自発性を尊重して、体験や実験を通して、子どもの内的な論理によって学習を構成していくことである。一方、系統主義的な教育というのは、学習させたい内容を体系的に編成し、それを順序よく系統的に教えていく教育である。実は、戦後まもなく、戦前の詰め込み型教育への反省やアメリカの占領政策によって、経験主義的な教育が

推奨された。その後、経験主義への批判から、系統主義が主流となった。今なお両者の論争は続いているが、それは子どもの側に立って生活のリアリティーに根拠を置くのか、科学や学問の側に立って効率的に伝えて獲得させるのか、という点についてである。

いずれにしても、子どもの変容を目指すという点では同じであり、アプローチの違いと言える。しかし、学習とは、科学や学問といった未知世界へのチャレンジ（冒険）であり、チャレンジ自体を目標とするのか、内容の獲得を目標とするのかは教師しだいである。また、それをどう教えるかは、教師の技量なのである。

2　経験と冒険の意義

経験（experience）は、知識として知っているだけではなく、実際の行為や行動によって、物事を理解したり技術を習得したりすることである。これは、知識的なものより感覚や知覚によって与えられることが多く、経験の質と量で獲得されるものである。

一方、冒険（adventure）とは、非日常の中、ある目的のために危険に満ちた体験の中に身を置くことであるが、ここでは、経験していない新たなことに挑んだり、より困難な手法で目標を達成したりするといった、挑戦（challenge）というニュアンスが強い。

学習とは、この双方の出会いであり、それを通しての力の獲得である。前者がやや受動性が強いものであり、後者は主体性がなければ成立しないと言える。これらは、学習理論においても再三登場する性質ではあるが、それぞれのメリットやデメリットを意識したうえで、教師が「教える」という行為を行っていくのである。

おわりに

今から20年ほど前、山口県に講演に行った時に、まだお元気だった大村はま先生とごいっしょさせていただいた。会食中に、隣におられた大村先生が私に、「魚の小骨が喉に刺さると命にかかわるかもしれないので、

取ってくださいませんか」と、にこやかな笑みで依頼された。笑いながら言われたのだが、ご高齢の先生に何かあったら大変だと、その小骨を取りながら、極めて緊張した覚えがある。「こんな緊張感は、一生忘れられませんね」と話すと、「授業と同じかもしれませんね」と返された。大村先生から、緊張するくらい、とことん教えきれば、何か見えるのではないかという示唆をいただいたのである。

　「教えきる」と言えば詰め込みみたいに思うわけだが、大村先生は、「教師の教え方が悪いから、詰め込み教育になってしまったのではないか。また詰め込み教育への批判から、教師は教えることをやめたのではないか」と強調された。確かに、個性を失わせると思いがちとなって、教えることをちゅうちょしてしまっているのかもしれない。一方で、夢を持ってとか、興味のあることをやってみようと言っても、目標すら見えていない現実で、よけいに子どもたちは混乱しているのかもしれない。結局、教えていないのである。

　大村先生は、「優劣のかなたに」という詩の中で、以下のように締めくくっている。

　　　教師も子どもも
　　　優劣のなかで
　　　あえいでいる
　　　学びひたり
　　　教えひたろう
　　　優劣のかなたで

　まさに、教えひたれる教師を、子どもたちが待っているのである。

【文献一覧】

大村はま『新編教えるということ』(ちくま学芸文庫) 筑摩書房、1996年

苅谷夏子『優劣のかなたに：大村はま60のことば』筑摩書房、2007年

伏木久始「教育実践史概論」信州大学教育学部 e-Leaning 委員会、2004年

ヘルバルト, J. F.（三枝 孝弘訳）『一般教育学』(世界教育学選集 13) 明治図書出版、1960年

文部科学省文化審議会「文化を大切にする社会の構築について：一人一人が心豊かに生きる社会を目指して（答申）」2002年

文部科学省「確かな学力」2005年
　　http://www.mext.go.jp/a_menu/shotou/gakuryoku/ （2013年11月19日確認）

第3章

知と生活が絡み合う学校空間（スコレー）

後藤さゆり

はじめに

　教師から見た学校空間は、子どもの主体的で自発的な学習を支援し、教育目標を達成する場であり、集団生活を通して子どもの社会化を図る場である。このようなまなざしによって管理された空間は、常に教師に意味づけられた空間である。

　一方で、子どもから見た学校はどうだろうか。記憶に残る学校は、教師のまなざしから逃れ、友達と遊んだ空間かもしれない。子どもにとっては、学びの場であると同時に一日の多くを過ごす生活の場でもある。

　本章では、教師と子どものまなざしが交差する場として学校空間をとらえ、教師と子ども、さらには地域との関係を空間の生成という視点から考えてみよう。

第1節　学校空間の改革

1　教室という学びの空間

　日本では、1970年代半ばまで、学校施設は四方を壁で囲った教室を基本単位として構成されてきた。現在でもまだ見かけることができる南側にグラウンド、北側に片廊下一文字型校舎という典型的な学校建築は、1891（明治24）年に定められた「小学校設備準則」と、1895（明治28）年に定められた「学校建築図説明及ビ設計大要」が起源であり、学校建築の定型として100年以上大きな変化は見られなかった。

　この閉じた教室は、一教室に一教員を前提とした一斉授業が行われる場である。つまり、黒板や教壇、子どもの座席の配置は、効率的に教育内容を伝達する授業にふさわしい型であり、画一的な教育を前提とした場所として踏襲されてきた。

2 教室からオープンスペースへ

　このような閉鎖的な教室に代わって、いわゆるオープンスクールが出現したのは、1960年代に始まるイギリスの教育改革に伴う学校建築の変革が日本に紹介されたことによる。この開かれた教室は、学級単位で子ども全員に同じ内容と進度で行われる教育ではなく、個を重視した個別化・個性化の学習に対応し、子どもの興味・関心をかきたて、自発的な学習活動の展開を図ることを目的とした。このような空間を有するオープンスクールは、1984年の「多目的スペース補助金制度」の発足により急増した。

　しかし、意欲的に新しい教育を展開する学校がある一方で、オープンスクール導入の画一化が進み、空間と教育方法がうまくかみ合わずに有効活用できない学校も多く出現した。壁のない教室空間の導入は、単に子どもの多様な学習の場を拡大しただけではない。新たな空間を有効に活用するためには、これまで教えられる存在であった子どもたちを、自ら学ぶ存在へととらえ直す教育思想の転換に基づいて、教育方法を多様化させる必要があった。しかし、その根本的な理解に至らず、子どもを自ら学ぶ主体として教育するのではなく、教師主導による習熟度別学習などを展開するケースが散見されたのである。

3 子どもの生活の場としての空間

　このような学校空間の改革は、学校が学習という機能に特化した場ではなく、それを含み込んだ子どもの生活の場としてのとらえ直しであることを意味している。

　したがって、学校は第二の住まいとして、食事スペースやトイレなどが見直されるとともに、居場所としての空間も多数デザインされるようになった。たとえば、小学校では教室を含むオープンスペースの付近に、アルコープ（壁面の一部に造られたくぼみ）やデン（穴蔵のような小空間）を配置し、休み時間など場面に応じて、子どもが親密で安心できる場所で過ごせるように配慮されている。

子どもは授業という限られた時間と空間でのみ学習する存在ではなく、その他の生活の中で仲間とかかわったり、校庭や中庭の自然に触れたりしながら、自分の世界を構築していく存在である。子どもが遊びや生活を通して自らの世界を構築することこそ、自ら学ぶことの基底となる力である。
　そして、子どもがまず一人の尊重される人間として、快適な環境の中で過ごせるように学校や教師が用意した空間は、子どもからの信頼を獲得するうえでとても重要である。なぜなら、居心地の良い空間では、そのような環境を整え保障することを重視する教師の包括的信頼を、子どもたちが被包感（Geborgenheit）として感受するからである。
　このような子どもと教師の間に存立して、教育的ふるまいの背景となる互いの信頼関係を基底とした情感や態度全体を、ボルノー（Bollnow, Otto Friedrich　1903-1991）は、「教育的雰囲気」と表現し、教育に必要不可欠な前提とした。子どもと教師の信頼関係は、授業における応答関係を通して育まれるだけではない。子どもたちの世界感情（かかわり合いの場としての世界を開示する気分）として、安らいだ気分を生起させる学校空間が整えられていることが教育の前提条件である。

4　機能空間から意味空間へ

　このように、教えられる受動的な存在から、自ら学ぶ主体的な存在として子どもをとらえ直すことによって、学校の空間構成に大きな変化がもたらされた。オープンスクールに代表される多目的で開かれた空間は、固定的な教育目標を一斉に達成させる教育の下では有効には活用されない。子どもが教師や友達とかかわる中で、学びの場はその機能をフレキシブルに変化させる。その生成する空間を意味づけるのは、子どもであり教師である。生成する場では、教師によって一方的に意味づけられるのではなく、対話や活動によって即興的に意味づけられる。
　つまり、教師―児童生徒という役割を超えて、複数の主観性の共同態として、生き生きとした間主観的な世界が生起することで意味づけられる。このような学校空間の改革を、高橋勝（1946-）は教育人間学的視点に基

づいて、機能的空間から意味空間への転換であると指摘した。

　教育人間学とは、前述のボルノーを代表的思想家の一人とする教育学の一領域で、人間の連続的発達観に対する生の非連続性、科学的因果関係に対する存在論的出会いといった新たな教育学のまなざしを提示してきた。高橋は、学校空間を明治期以来の「文明化の装置」として機能してきた空間としてではなく、子ども、教師、保護者、地域社会のまなざしが交差することで自己変成（メタモルフォーゼ）を遂げていく空間としてとらえ直す必要性を指摘したのである。「いま・ここ」という一回性は自分にのみ与えられたという意味で固有である。そして、代替不可能な存在として人間があるとき、関係の網目として世界の一部を生きていると自覚することができる。学校空間は「いま・ここ」という現在に限定づけられた時間と空間を共にする場へと転換が求められている。

第2節　子どもの生活と自己生成

1　子どもの生活の変化

　学校空間が、子どもの関係の網目によって立ち現れる生活の場として意識されるようになったことは、家庭や地域での子どもの生活が大きく変化したことと無関係ではない。情報・消費社会では、個人の人生の成功に必要な能力が、日常生活の経験から切り離されてしまった。生活に必要な物を創り出すプロセスは省略され、人とかかわりながら状況を整える必要もなく、商品やサービスを貨幣と交換するだけで手に入れることができる。いいかえれば、便利で効率的な生活ができる一方で、冗長な日常の中で適切に判断したり、遊びの中で他者とかかわりながら新たな発見をしたり、問題を解決したりする経験ができなくなってしまった。

　このような社会の変化は、家庭教育にも影響を及ぼしている。生活習慣や社会的な礼儀を身につけさせることは、子どもの意欲や創造性を育てる

ために必要かどうかという基準で判断されるようになった。つまり、家庭では学校教育だけでは不十分とされる「ポスト近代型能力」（コミュニケーション能力、創造性、自発性、主体性といった人間の全体的能力）を育むことに重きが置かれ、子どもの主体性を重んじることは、子どもがめんどうに思わないことだけに取り組ませるという意味にすり替えられてしまった。このように生活を自ら整えることや、共に生きるために必要な知恵といった家庭や地域で主に行われてきた生活に根差した教育も、学校が核となって習得させる必要に迫られている。

しかし、このような新しい能力を、効率よく身につけさせる手段は存在しない。たとえば、創造性は型にはまらない独創性として読み替えられるようになったために、生活体験とは異なる特別な体験の中で獲得されると考えられることが多い。しかし、創造性は生得的能力であり、身近な人の行為をまねる（ミメーシス）中で身体感覚を駆使しながら独自のイメージを膨らませることで培われていくのである。同様に、異世代間でかかわり支え合うといったことができる協働体験の中で、他者への配慮という思考の仕方を身につける。当然、人間に対する配慮だけではなく、自然を含む環境との関係を学ぶこともそうである。共に生活するという環境で最も良いパフォーマンスを行うためには、自己の目的を達成するために行動すればよいのではない。自分の中に蓄積された記憶や体験を通して、個々は固有であっても共に世界の一部であることを感じ、調和的に構成されている環境全体から判断しなければならない。このことを学び取れるような日常の生活が必要なのである。

2　遊びの私化

社会の変化により、子どもたちの身体感覚を伴う創造性に満ちた自由な遊びも保障されなくなってしまった。子どもの自由な遊びが成立するためには、時間・空間・仲間が必要である。しかし、車の往来が激しくなったり、地域に住む人の顔が見えにくくなったりすることで、子どもが地域の中で遊ぶための安全の確保が難しくなってしまった。また、塾や習い事な

どによって、子どもが自由に過ごせる時間や仲間も減少している。さらに、このように変化した子どもの生活を都合よく補うように、子ども向けのデジタルゲームやソーシャルゲームの市場が拡大し、子どもの遊びが地域という公的な場所から私的空間に追いやられてしまった。これは、子どもの遊びが私的な余暇活動であるとみなされているからにほかならない。

しかし、子どもの生活の中心が遊びであり、遊びを通して自らを生きるための能力を習得していると考えれば、決して遊びを私的な余暇活動とみなすべきではない。子どもの遊びの私化は、テリトリー形成能力（空間的領域に自己を帰属させる順応性、およびそれを侵そうとするものに対する抵抗を含む適応力）を身につける機会を奪い、自己形成にも影響を及ぼしている。さらに、その影響は、地域に住む大人と子どもとの関係だけでなく、大人どうしのコミュニケーションの減少にまで及んでいるのである。

3 遊びによる世界の溶解と自己変容

本来、遊びとは活動そのものを目的とした活動である。たとえば、ある役になるためにごっこをすることが遊びなのではなく、ごっこによる世界を生成することが遊びである。したがって、参加者の誰かに固定されたストーリーや役目を命じられて演じる場合には、その子どもにとってはごっこであっても遊びではない。自ら役そのものになることで、ごっこの世界が立ち現れ、意味が生まれるときに、本来の遊びが成立する。矢野智司（1954-）の言葉を借りれば、遊びとは、遊びの参加者が自己と世界の溶解体験として体験する自律的なコミュニケーションシステムである。子どもは、自由で自律的な遊びを通して、世界を意味づけ、自己を生成・変容しているのである。

こう考えると、大人が遊びを子どもの教育機能として取り入れることにより、子ども自らが自律的に創り上げる遊びの世界に干渉してしまう可能性が高い。現代は、遊びの私化によって、子どもの身体能力や社会性の低下など、遊びの中に埋め込まれている教育的機能がうまく働いていないと指摘されることが多い。だからこそ、遊びが教育のための道具だけになら

ないよう配慮しなければならない。

4　スコレーとしての学校空間

　このような子どもの生活世界の変化を踏まえ、学校空間の機能をあらためてとらえ直さなければならない。それは、家庭や地域の教育機能を補完するためではない。学校教育だけでなく、家庭や地域においてさえ、本人の必要に応じて自主的・自律的に行われるはずの学びが、他律的に編成され提供される状況を見直すためである。イリッチ（Illich, Ivan 1926-2002）は、このような状況を学校化と呼んだ。このような学校空間のとらえ直しは、子どもが世界を意味づけるという視点から、教育とは何かを問うことでもある。

　このような教育の状況から脱出することは難しい。しかし、用意された教育に子どもが囲い込まれている状況を認識し、子どもの自律性に重点を置いた学びの展開を試行することはできる。つまり、自発的に自由に創造力を発揮することで、自己変容を促すような学びを組み入れることである。本来、学校とはそのような教育の場であったと考えることもできる。

　英、独、仏語の学校の語源といわれるラテン語のスコラ（schola）は、ギリシャ語のスコレー（schole）に由来するとされる。このスコレーは暇を意味し、ラテン語の遊びを意味するルーダス（ludus）も、学校という意味を併せ持っていた。このことから、古代ギリシャ・ローマにおいては、スコレーとルーダスは教育の重要な基盤であったといわれている。

　アリストテレスは『ニコマコス倫理学』の中で、人生の幸福はスコレーにあり、スコレーを求めてアスコリア（ascholia）に従事していると述べている。アスコリアとはスコレーのないことを意味する否定形であり、「忙しくしている状態」「占有されている状態」を指している。つまり、スコレーとは何もしないことや怠惰なことではなく、忙しすぎて自己を見失ったり、自分の心を占有しているものにとらわれたりせずに、活動そのものに本質的に価値のある状態を意味している。

　スコレーとしての学校であるためには、教師によって設定された活動で

はなく、子どもが世界に自己溶解させ、生きる意味を探究できるような活動そのものに価値を置く時間・空間が保障される必要がある。

第3節　知の世界の構築

1　生活と学びの連続

　高度化する社会で必要とされる知識は絶えず選別・精選されるが、その知識が子どもの生きる世界とつながり、子どもの生活や活動の中に編み込まれなければ意味は生まれない。したがって、子どもの存在をどのようにとらえ、その発達や学びを支援するために最適な教育をどう行うかという教育理念によって、学校の空間構成の意味が生起する。つまり、建築と教育理念の両方が相互的に学校空間を創り出し、さらに、教師と子どもの活動を通して、空間と使い手が相互的に変容していくという入れ子構造になって、充実した教育が実現される。

　埼玉県宮代町立笠原小学校は、子どもを学びの主体に置き、自発的で身体的な活動を通した教育と、多様な空間的しかけを配した校舎が融合した代表的な事例である。教室は住まいであり、低・中・高学年のまとまりで構成された校舎はまちとして地域に開かれている。子どもたちは半野外に造られた廊下で雪や雨のときの不便さや季節を感じ、小山や池が配置されて芝生と木々に覆われた中庭をはだしで駆け回る。子どもたちは、他者とつながること、自然を大切にいとおしく思うことを、学校の空間構成と教師の態度、友達とのかかわりからおのずと学んでいく。そして、自分の関心に導かれて自律的に活動する自分を感じる。

　ギブソン（Gibson, James Jerome　1904-1979）のアフォーダンス（動物にとっての環境の性質）理論に従えば、子どもたちは教育理念に基づいた環境から自ら情報を読み取り、そして環境へ働きかける。生活や遊びを通して環境を知ることは、自己を知ることでもある。物を食べるときに、その

物と自分を感じるように、身体を通して環境と自己を学んでいる。その学びは、決して言葉や意識として明示できる知ではない。けれども、自己の身体化した知として、他者と共に生きるための知を構築するうえで土台となるものである。学校空間では、まず子どもを取り巻く環境を整え、自律的な遊びと生活に根ざした学びを保障する必要がある。繰り返しになるが、その環境には、「教育的雰囲気」として教師の子どもや環境に対する態度も含まれている。

2 プロジェクト学習

　自分のために知を蓄積する学習ではなく、他者と共に知を構築しようという取り組みは、カリキュラムの中にも「総合的な学習の時間」として取り入れられている。しかし、子どもの主体的な問題解決型の学習活動では、学びの深さに大きな違いが生まれることはすでに問題とされてきた。それは、子どもの主体的な活動を教師がどのように支援するかという問題ではない。子どもの関心が自己と切り離された情報の操作に向かうのではなく、自己にとって意味を持つ出来事としてとらえ直せるよう、教師と子どもが同じ地平に立つ工夫をすることである。

　山梨学院大学附属小学校では、「プロジェクト」という活動をカリキュラムに導入し、子どもたちが協同で一つのテーマや課題を研究する学びを実践している。このプロジェクト活動の特徴は、デューイのいう「反省的思考」と「専心活動」にある。専心活動とは、単に一つのことに集中して行う活動ではなく、共存在という生の本態を示す「協同性」の経験となりうる活動である。

　たとえば、運動会を課題達成単元とみなすスポーツプロジェクトとして、子どもたちがテーマや競技種目を考えて企画することも行われている。この学びでは、客観的な知識の獲得や定着に重きを置くのではなく、自分が世界に編み込まれていることに気づくような経験をすることにある。そのためには、すでに形づくられた目標に向かって活動するのではなく、他者とかかわりながら、最もふさわしい形を導き出すために、他者の声に耳を

傾け、同時に自己の声に耳を傾ける活動を行うことが求められる。そこで導かれた結果は、単なる情報の操作によるものではなく、反省的思考により自己を世界に意味づけることで生まれたものである。他者への思考に支えられたこのような経験が、より良く生きるための知の構築の土台となる。

3　学校空間を開く～地域とともにある学校～

このような知の構築では、学校空間を地域の学びの核として外へ開くことが求められる。現在、学校空間は「地域とともにある学校」として大きな変貌を遂げようとしている。教育改革国民会議が2000（平成12）年に、コミュニティ・スクールの設置の促進を提言したことを受けて、2004（平成16）年に「地方教育行政の組織及び運営に関する法律」が改定され、保護者や地域住民が学校運営協議会を通じて学校運営に参画することが可能になった。

ここで地域の大人に求められていることは、子どもの学習支援ではなく、子どもとのかかわりを通して大人自身が変容していくことである。それぞれの立場から、より良くかかわるためにはどのようなことが可能なのか、模索するところから大人の学びが始まっている。つまり、教師と子ども、さらには地域の人々をも含めて、学校を第二の住まいとして住みこなす必要がある。そのためには、教師も地域の大人も自分の目的や意図を達成するのではなく、他者に関心を向け、専心活動として意味を紡ぐための工夫が求められる。

4　メディアとしての学校空間

そう考えると、学校空間は物理的環境という学びの主体を包む外側に存在するものではなく、メディアとして子ども・教師・地域の人々の関心をつなぎ、意味を紡ぐ空間として存在する。物理的に固定された空間で教育活動が展開されるのではなく、互いの関係性によって意味づけられる場として立ち現れるとき、学校が本来の空間としての役割を果たすことになる。インターネットの普及によりバーチャル空間での知の構築が促進される中

で、直接的・身体的に他者との関係を結びつつ知の構築を可能にするメディアとしての学校空間の重要性が増している。物理的な学校空間の役割は、その関係性を誘発するためにある。

いいかえれば、学校空間が学びの場となるときは、子どもをはじめとする学び手と世界が溶解し、同じ世界に住むことができたときである。学び手は自己の役割や立場を超えて、相互に影響し合いながら新たな関係を生起する。そのためには、固定的な自己の世界にとどまるのではなく、他者に関心を向けることで自己を開く必要がある。それは、自分に必要かどうかという有用性に関係なく、他者に関心を寄せる純粋贈与の関係である。

前出の矢野によれば、これまでの教育関係という概念は、すでに交換することができる有用性を持ち合わせているために交換する（教える―学ぶ）という関係により成立するが、その関係は他者との新たな出会いではない。自己と世界が溶解して自己変容を起こすような出来事は、他者から純粋贈与（与える＝教える）されることで、これまでの自己の世界が崩壊することで生起する。純粋な贈与は、自己と新たな世界を溶解させる体験であり、出来事としての贈与である。一方で、自分の意図の内に他者を取り込み、誘導する関係は贈与の物語であって、世界との境界が溶解したわけではない。特に、教師や大人が子どもを意図的に誘導して、学びの場を構築しようとするときには、その差異が生じることに注意を払う必要があろう。この差異は、出来事によって自己変容を可能にしているかという大きな違いをはらんでいる。

おわりに

本章では、社会の変化によって学校教育のあり方が問われていることを考察してきた。学校空間は物理的に存在するものだが、「いま・ここ」での活動を通して、学びの場として生成しては消える空間でもある。そのような空間は、身体的な知に基づいた他者のための思考による活動によって立ち現れる。教師は、意図的に物理的な空間を整えるだけではなく、学びに参加する人の自己変容を促すような、出来事による学びの空間の生成を

促すことで知の構築を試みる必要がある。

【文献一覧】
アリストテレス（高田三郎訳）『ニコマコス倫理学〔改版〕』〔上・下巻〕岩波書店、1971年
上野淳『学校建築ルネサンス』鹿島出版会、2008年
木村元・小玉重夫・船橋一男『教育学をつかむ』（テキストブック「つかむ」）有斐閣、2009年
教育思想史学会編『教育思想事典』勁草書房、2000年
後藤さゆり「新しい学校のかたち 事例2 子どもたちが親しむ『龍宮城』埼玉県宮代町立笠原小学校」『教育と文化』26号、2002年、pp.78-82
後藤さゆり「〈大人になること〉の難しさ」高橋勝編著『子ども・若者の自己形成空間：教育人間学の視線から』東信堂、2011年、pp.194-229
佐々木正人『アフォーダンス：新しい認知の理論』（岩波科学ライブラリー12）岩波書店、1995年
高橋勝『学校のパラダイム転換：〈機能空間〉から〈意味空間〉へ』川島書店、1997年
高橋勝『経験のメタモルフォーゼ：〈自己変成〉の教育人間学』（教育思想双書9）勁草書房、2007年
田中智志編著『学びを支える活動へ：存在論の深みから』東信堂、2010年
田中智志・橋本美保『プロジェクト活動：知と生を結ぶ学び』東京大学出版会、2012年
外山知徳「住まいと子供」渡辺光雄・高阪謙次編著『新・住居学：生活視点からの9章』ミネルヴァ書房、1989年、pp.84-110
ボルノー, O. F.（森昭・岡田渥美 訳）『教育を支えるもの』黎明書房、1969年
矢野智司『贈与と交換の教育学：漱石、賢治と純粋贈与のレッスン』東京大学出版会、2008年

第4章
現代学校に求められる教育内容

橋本由美子

はじめに

　ここでは、現代の社会の現状、新学習指導要領、教育の目的、求められる学力とは、カリキュラムについて述べ、現代の学校に求められる教育内容について考えていくことにする。

　情報化社会、少子高齢化社会、多文化共生社会（※）、知識基盤社会（※※）、そして科学技術が急速に発展している現代である。東北新幹線「はやぶさ」も東京―新青森間が3時間を切る勢いである。国内外共に、より早く、より近くなり、ますます地球が狭くなっている。パソコンの遠隔操作による犯罪も起きるなど、利便性と危険性が背中合わせである。アナログからデジタルへ移行し、書籍よりインターネット活用が増加の傾向にある。こうした現代を生き抜くために必要な教育内容、能力はどんなことであろうかということについて考えてみる。

※　多文化共生社会（Multicultural Symbiotic Societies）とは、複数の他者の民族、他者の文化の相互承認と共存が可能になっている社会の状態のことである。総務省は、「地域における多文化共生」を2006（平成18）年の報告書の中で以下のように表現している。

　「国籍や民族などの異なる人々が、互いの文化的ちがいを認め合い、対等な関係を築こうとしながら、地域社会の構成員として共に生きていくこと」『多文化共生の推進に関する研究会報告書』（2006年3月、p.5）

※※　知識基盤社会は、2005（平成17）年の中央教育審議会答申「我が国の高等教育の将来像」で示された言葉で、21世紀は、いわゆる「知識基盤社会」(knowledge-based society)」の時代である、と述べている。「知識基盤社会」とは、「新しい知識・情報・技術が政治・経済・文化をはじめ社会のあらゆる領域での活動の基盤として飛躍的に重要性を増す」社会であると定義している。また、答申では、「知識基盤社会」の特質として次のようなことを挙げている。
(1) 知識には国境がなく、グローバル化が一層進む。

(2) 知識は日進月歩であり、競争と技術革新が絶え間なく生まれる。
(3) 知識の進展は旧来の日本のパラダイムの転換を伴うことが多く、幅広い知識と柔軟な思考力に基づく判断が一層重要になる。
(4) 性別や年齢を問わず参画することが促進される。

第1節　現代に求められる教育内容、能力

1　教育の不易と流行

　教育には不易と流行という二つの側面がある。流行の部分の教育は、時代のニーズとともに求められる教育像も変わっていくものである。

　たとえば、**表1**のように求められる教育像は日進月歩の勢いで変遷し、カリキュラムも目まぐるしく改正されている。

　不易の部分は家庭・学校・社会・地域が一体となって、子どもたちを育てていかなければいけないことである。これらはいつの時代でも不変である。しかし、現代は、社会そのものが混沌としていて、何を指針としてどの方向に進んだらよいか、また何をすべきなのかが分からない時代になっている。

表1●教育に求められる、時代のニーズ

社会の状況	教育内容	必要とされる力
情報化社会	情報教育	情報収集能力・判断力・処理能力・活用力
少子高齢化社会	生涯教育	福祉教育　人権尊重
多文化共生社会	国際理解教育	外国語教育、伝統文化の尊重、表現力
科学技術発展	科学技術教育	論理的思考力、自己追求力、自己発見力

(筆者作成)

2　現代の親と子の気になる実情

　学校では、いじめ、不登校、教師の体罰、学級崩壊等の問題が後を絶たない。家庭の教育力の低下もクローズアップされている。勤務校の学生に行った質問紙でも、「現代の親や子どもの気になるところはどんなところですか？」という問いかけに対しての回答は次のとおりである。
　①子どもの気になるところ
　　　コミュニケーション不足、口が達者で大人顔負け、人の話を聞かない、テレビばかり見る、好き嫌いが多い、感情をうまく表現できない、すぐ切れる、外で遊ばない。
　②親の気になるところ
　　　規範意識の低下、親の自覚がない、虐待、モンスターペアレント、コミュニケーション不足、過保護、電車での化粧、子どもが話しかけても携帯に夢中、育児放棄等。
　上記①②の実態も踏まえ、現代学校に求められている教育内容とはどのようなものであるのかを、学習指導要領を基に考える。

3　総合的な学習の時間

　学習指導要領には時代のニーズが反映されている。1977（昭和52）年には「ゆとりと充実」、1989（平成元）年には「学ぶ意欲と主体性」、1998（平成10）年には「生きる力」が重点となっている。
　特に、1998（平成10）年に「総合的な学習の時間」が取り入れられた。趣旨は国際化や情報化をはじめとする社会の変化を踏まえ、子どもの自ら学び、自ら考えるなどの全人的な生きる力の育成を目指し、教科などの枠を越えた横断的・総合的な学習を行うために生まれ、ゆとり教育と密接な関係を持っている。特徴としては、体験学習や問題解決学習の重視、学校・家庭・地域の連携を掲げている。内容としては、国際理解、情報、環境、福祉・健康などが例示されている。
　「総合的な学習の時間」の名称は各学校に任されており、内容も各学校

で実態に合わせて創意工夫されていた。「○○の時間」と学校の略称を入れて、児童生徒に親しみやすくしている学校も多かった。この時期の校内研究はどこの学校でも、教科ではなく、「総合的な学習の時間」を通して主体的に学ぶ児童生徒の育成に関するものが多く見られた。

しかし、この「総合的な学習の時間」は基礎的な知識を軽視しているとして、現在はその授業時数が削減されている。

4　現行の学習指導要領

学力の低下が問題視されるようになり、現行の学習指導要領が以下のように2008（平成20）年3月に告示された。

小学校は、2011（平成23）年度から実施され、中学校は2012（平成24）年度から実施された。高等学校では2013（平成25）年度入学生から新学習指導要領を年次進行で実施中である。ただし、数学および理科は2012（平成24）年度入学生から年次進行で実施している。特別支援学校では、幼稚部は2009（平成21）年度、小・中学部は小学校、中学校学習指導要領の実施スケジュールに準拠している。高等部も同様である。

今回の学習指導要領改訂では、改正教育基本法等で示された教育の基本理念を踏まえるとともに、現在の子どもたちの課題への対応の視点から、次の六つをポイントとして挙げている。

①「生きる力」という理念の共有
②基礎的・基本的な知識・技能の習得
③思考力・判断力・表現力等の育成
④確かな学力を確立するために必要な授業時数の確保
⑤学習意欲の向上や学習習慣の確立
⑥豊かな心や健やかな体の育成のための指導の充実

「生きる力」とは、知・徳・体のバランスのとれた力である。

第2節 教育の目的と豊かな学力

1 教育の目的

教育基本法第1条には教育の目的として、次のように述べられている。

> 教育は、人格の完成を目指し、平和で民主的な国家及び社会の形成者として必要な資質を備えた心身ともに健康な国民の育成を期して行われなければならない。

教育とは、子ども（人間）が成長・発達するために、親をはじめ周りの関係する人々の働きの営みが必要となることである。

教育の目的はより良く他者や社会、自然にかかわり働きかけることができる人間を形成することであり、教育によって、人間は身体的・精神的・社会的に不自由な存在から、より自由な存在へと成長・発達が期待されている。教育は、人間の持つ全ての諸能力の発達にかかわる。教育は、子どもの能力を引き出し、その子の成長・発達を促す適切な働きかけであり、望ましい人間像を目指して営まれるものである。

2 求められる豊かな学力

学力とは一般に、知識・技能等の見える学力に着目されがちである。高校までの授業は受験一辺倒で、どちらかというと知識偏重であり、たとえば数学は計算でき、公式を覚えていればよい。また、一夜漬けの暗記に頼り、その場をしのいできた経験のある学生も少なくないであろう。それでは真の学力として身につかない。

大切なことは見えない学力、いいかえれば考える力や意欲・関心・態度などを含む豊かな学力である。見える学力はもちろん大切である。しかし、見える学力に加味し、学ぶ楽しさ、問題を追究し、考える楽しさを味わえ

る力が真の学力となり、これが豊かな学力につながるものと考える。

　　豊かな学力形成とは「学ぶ対象に向かって意欲的・主体的に働きかけることであり、学習の仕方を身につけながら、さらに学んで得た知識や能力を活用して、新たな課題を創造的に追求することである『学校五日制で豊かな学力を育てる先生』。

　このように、豊かな学力とは、学んで得た知識や能力を、新しい学習に豊かに使いこなせることであり、学力を豊かに生かせることが大切なのだという考え方であり、学力の形成を図のように二つのベクトルを持った四つのタイプに分けている。つまり、学習する方向は二つあり、一つは、「知識・能力の習得」で、単に学べばいいという修得でなく、確実に身につけるという意味が強い「習得」としている。他の一つは「学習態度の形成」で、学習者の学習態度を総体としてとらえるものとしている。
　そのことを前提として、次の四つの学習タイプについて述べられている。
Ⅰ　基礎・基本を重視する。（基礎受容型）
Ⅱ　自ら学ぶ意欲や態度を重視する。（自己発現型）

図●学力の形成

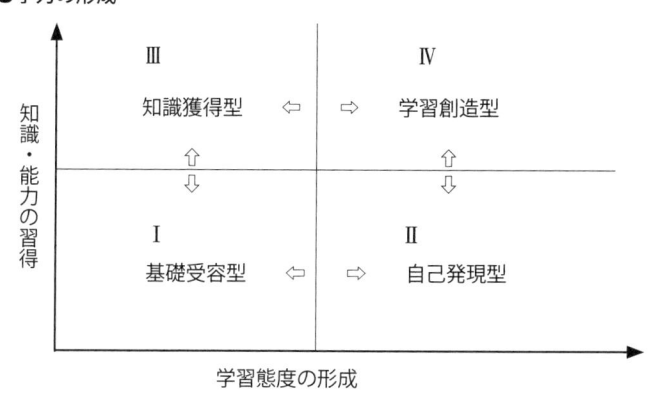

	学習態度の形成 →	
↑ 知識・能力の習得	Ⅲ 知識獲得型　⇔	Ⅳ 学習創造型
	↑↓	↑↓
	Ⅰ 基礎受容型　⇔	Ⅱ 自己発現型

出典：『学校五日制で豊かな学力を育てる先生』

Ⅲ 確かな知識や能力の獲得を大切にする。(知識獲得型)
Ⅳ 学んで得た知識・能力を主体的・創造的に活用する。(学習創造型)

第3節 カリキュラム

1 カリキュラムの語源

　カリキュラムとは、教育において教師が指導する道筋であり、児童生徒が学習する道筋のことである。カリキュラム（curriculum）の語源は、ラテン語の「クレレ（currere）」である。動詞として「走る」、名詞として「走路」「競走におけるコース」「トラック」という意味から、「児童生徒が教師の指導の下に学習する道筋」のことをいう。

2 カリキュラムとは

　文部省（当時）・OECDが開発したカリキュラム開発セミナーでは、カリキュラムとは「授業・学習の計画や教授細目、その他の教育内容について述べられた意図をさすばかりでなく、この意図や計画が実践に移されてゆく方法までをさす」。最近では、カリキュラムとは「目的、内容、方法、評価の手順」を含んだものを指している。国レベルでは学習指導要領・解説書・指導資料、民間レベルでは教科書・問題集・教材、都道府県や区市町村レベルでは教育課程表、教師レベルでは学習指導案・週案・メモなどが全てカリキュラムに入る。

　学習指導要領とは、全国どこの学校で教育を受けても、一定の教育水準を確保するために各教科等の目標や内容などを文部科学省が定めているもので、教科書や学校での指導内容の基となるものである。たとえば、小学校の学習指導要領では、総則を述べた後、各教科（9教科）すなわち、国語、社会、算数、理科、生活、音楽、図画工作、家庭、体育について述べている。その後に、道徳、外国語活動、総合的な学習の時間、特別活動に

ついての内容が書かれている。

3　三つのカリキュラム

　1980（昭和55）年から提唱されている国際教育到達度評価学会（IEA）の「三つのカリキュラム」について述べる。この「三つのカリキュラム」という言葉は、この時、日本で初めて使われた（『中学・高校生の数学の成績』pp.56-57）。

　学習指導要領や教科書などに示されているような「意図したカリキュラム」と、教師が実際の学習活動の中で行う「実際のカリキュラム」（指導法）との違いを、生徒の学習到達状況としての「達成されたカリキュラム」（成績）を媒介にして、その関連を各国間、教師間で調べると記述されている。つまり、①「意図したカリキュラム（intended curriculum）」（学習指導要領や教科書で示されている）、②「実施したカリキュラム（implemented curriculum）」（教師が実際の学習活動の中で行う指導法）、③「達成したカリキュラム（attained curriculum）」（生徒の学習到達状況）、のように、カリキュラムの構成要素は、目的・目標、内容、方法、評価までを含むと記述されている。

　日本の教科のカリキュラムは学習指導要領では目標と内容から構成されている。「目標」は、子どもが身につけるべき知識や技能、考え方が簡潔に書かれている。「内容」の形式は、①少ない内容を深く学ぶ、②ある学年で1度だけ学ぶように直線的に配列されている。現行では、スパイラル（らせん階段）の形で繰り返しながら上学年に行き、習熟できる形になっている。

4　カリキュラム構成の二つの形

　カリキュラム（教育課程）構成には、教科カリキュラムと経験カリキュラムの二つの形がある。

　①教科カリキュラム

　　　学問や芸術など人間が作り上げてきた文化遺産を教育の効果を考えて「教科」としてまとめ、系統化するカリキュラムのこと。学問

表2●教科カリキュラムと、経験カリキュラムの長所・短所

	教科カリキュラム	経験カリキュラム
長所	○内容を系統化しやすい ○大人が子どもに学ばせたいと考える内容を選択するのに適している	○子どもの学習意欲を喚起しやすい
短所	○内容が多く、高度になりがち ○子どもの理解力を超えた内容が選ばれたり、子どもの興味・関心とずれが生じる ○教科どうしの関連性が無視される	○子どもの成熟に必要な知識・技能が網羅される保証がない

(筆者作成)

中心カリキュラムとも呼ばれる。

②経験カリキュラム

　子どもの興味・関心に基づいて内容を選択し、系統化するカリキュラムのこと。子どもが調べてみたいと思うこと、知りたいと思うこと、習熟したいと思うことなどを核として構成されるカリキュラムである。

それぞれの長所、短所は**表2**のとおりである。

5　望ましいカリキュラムのあり方

　現代に求められている望ましいカリキュラムのあり方は、共通の知識・技能はできるだけ精選し絞り込み、余裕をつくって考える力をつけ、また子どもの個性を伸ばす経験カリキュラムを盛り込み、知・徳・体のバランスのとれた「生きる力」を育む教育を行うことである。

　文部科学省が改訂のポイントとして重視しているのは、「ゆとり」か「詰め込み」かでなく、基礎的な知識・技能の習得と、思考力・判断力・表現力の育成の両側面である。つまり、教科等の授業時数を増加するとともに、教育内容を改善するということである。

　授業時数の増加は「詰め込み教育」への転換でなく、①つまずきやすい内容の確実な定着を図るための繰り返し学習、②知識・技能を活用する学習（観察・実験やレポート作成、論述など）を充実するために行うものである。

おわりに

　以上、現代に求められる教育内容について述べてきたが、横軸の座標で見れば、教育は学校だけで行われるものではない。地域における教育、家庭で行われる教育が、学校教育を補完しながら融合していかなければならない。

　また縦軸の座標で見れば、学校教育のほか、社会教育、生涯教育などを一生を通じて見ていかなければならない。まして、長寿社会において、健康で充実した人生を送るためには、学校を卒業し、社会人としても持続可能な教育力をつけることである。つまり、人生の基盤である学校の教育内容を充実させることこそが、21世紀中葉にわが国を担っていく人材を育成することにつながるものと確信する。

【文献一覧】
　　教育フロンティア研究会編『ポケット教育小六法 2013年版』晃洋書房、2013年
　　国立教育研究所編『中学・高校生の数学の成績：第2回国際数学教育調査中間報告』第一法規出版、1981年
　　紺野祐・走井洋一・小池孝範・清多英羽・奥井現理『教育の現在：子ども・教育・学校をみつめなおす』日本図書センター、2008年
　　高階玲治『学校五日制で豊かな学力を育てる先生』（先生シリーズ18）図書文化社、1995年
　　文部科学省『小学校学習指導要領』東京書籍、2008年

第5章 現代学校に求められる教育方法

増田修治

はじめに

　現在、「学級崩壊」が起きている学級や学校が非常に大きくなっている。それは、子どもとの関係が難しくなったことや親との対応が難しくなったことが一つの要因ではある。しかし、それだけなのだろうか。

　もちろん「授業万能論」を言いたいわけではないが、子どもたちと一番接する時間が多いのが授業であることは間違いのないことである。その授業をどのように変えていくかが、「学級崩壊」へのアプローチの一つになると考える。

　この章では、三つの実践事例を取り上げている。

第1節　ICTを使った子どもへの新しいアプローチ　～「憲法の授業を通して」～

1　従来の憲法の授業の進め方

　私が実施している研究会で、「憲法の授業をどう進めたか？」ということが話題になった。「みんなだったら、どのように進めた？　あるいは、どのように進める？」と聞いてみた。すると、すでに憲法の学習を経験したことのある先生からは、「憲法のことを紙芝居のようにしてみました」「憲法の条文を読んで、解説しました」「憲法を自分の言葉に直させてみました」といった経験が出された。小学校6年生の担任を経験したことのない先生からは、「やはり、憲法の条文の大切なところを説明したり、書き写したりすると思う」という意見や、「自分の小学校の担任の先生は、『あたらしい憲法のはなし』というのをプリントしてくれた」といった自分の経験が語られた。

　結局どの意見も、「憲法の内容をどのように理解させるか」に終始していた。もちろん、このことは大切だし重要なことだが、子どもの興味や関心をひかないように思えた。そこで私は、「ユーチューブ」の画像を使う

（玉城町の老人が使っているスマートフォン）

ことを提案した。しかし、使い方がよくわからないということで、小学校において、私が1時間授業をすることになった。

2　身近な出来事とつなげて考えさせる

　6年生ともなると、抽象的な思考ができる子どもと具体的な世界にとどまっている子どもとがいるため、どの子どもも参加できる社会の授業を展開することが大きなポイントになる。そのため、私は「ユーチューブ」を提案してみたのである。映像を使って考えていくことで、どの子どもも「憲法の学習」に入れるだろうと考えたのである。その「ユーチューブ」の画像として使用したのが、三重県玉城町の「元気バス」の映像と2012年1月31日の「ガイアの夜明け」(テレビ東京制作)で放映された「スマートフォンの光と影」という映像の2本である（両方とも録画していなかったため、ユーチューブを使用）。

　この玉城町では、1996（平成8）年の民間路線バスの大幅縮小に伴い、翌年、29人乗りのマイクロバス2台を購入したが、1日19便の運行で、1便平均4.5人のため、「からバス」「空気バス」と揶揄されていた。その状況を打開しようと、オンデマンド交通を導入したのである。これは、予約制の乗り合いバスで、「病院に行きたい」という人と「コンビニに行きたい」という人がいたときに、「自宅近くから老人を乗せ、病院に行ってからコンビニに行く」といったぐあいに乗客の希望に合わせて移動するバス

のことである。このオンデマンド交通は、模索しながら、WEB予約や携帯電話での予約などの方法を取り入れて、「元気バス」という制度となった。

　子どもたちが特に驚いたのが、「ガイアの夜明け」に出てくる老人たちが、巧みにスマホを使いこなしている姿であった。89歳のおじいちゃんなどは、「スマホなしでは生活できない」とさえ言っている。玉城町の老人たちは、スマホに役場が作った「元気バス」のアプリをダウンロードし、GPS機能を使って自分の家に一番近い停留所（徒歩1～3分以内）に何時に迎えに来てもらうかを登録する。すると、それをもとに、元気バスがどこで誰を乗せ、どこで降ろすかの経路を作成してくれる。その結果、足が不自由な老人たちが元気にいろいろな場所に出かけるようになっていった。また、スマホの「緊急通報」を押せば役場などに連絡が入り、誰が緊急通報したかがすぐ分かるようにした。

3　憲法の何条と関係しているかを考える

　子どもたちにとってスマホは、非常に身近な存在となっている。そのため、食い入るように見ていた。こうした映像を見せた後、「君たちの町と比較してどうだろうか」「こうしたことは、日本国憲法の何条に関係しているか」ということを聞いていった。すると、「僕のおじいちゃんも足が良くないから、こんなふうにバスがすぐに来てくれたらいいと思う」「老人に優しい町だと思う」といった感想や、「憲法第11条の基本的人権に関係する」「第13条の個人として尊重されるに関係する」などという発言が出てきた。おもしろかったのは、「バスを廃止して、老人たちが出かけたくても出かけられないという状況になるのは、基本的人権を失うと言えないのかな？」と言った子どもがいたことである。私が、「いいところに気がついたね。実は、2010年の6月に国土交通省というところから、公共交通の衰退により、自ら運転できないお年寄りや体の不自由な人たちなどが不便になることから、『移動権』の保障を含めた『交通基本法』の制定が発表されたんだよ。つまり、『移動権』そのものが、個人の持っている権利であることが分かってきたんだよ」と褒めたところ、子どもは、大喜び

だった。憲法の学習には、こうした新しい権利の動きを合わせて教えていくことも大切なのである（交通基本法は2013年11月27日、閣議決定）。

4　憲法を未来に生かす

その後、「老人たちだけでなく、君たちにとっても住みやすい町になっていく必要があるよね。憲法に基づいて、"こんな町になったらいいな"という未来予想図や希望をみんなで次の時間に出し合ってみようね」と言って終わりにし、担任の先生にバトンタッチをした。

私は、憲法を未来の生活にどのように具体的に生かしていくのがよいのかを考えさせることが、憲法学習には大切なのだと考えている。日本国憲法を、現実の出来事から見直していくのである。そうすれば、移動権のように、もっと充実させたほうがよいと思えるものが出てくるのではないだろうか。つまり、ときには逆転の発想をしていくことで学びが深まっていくということである。

ICT教育が盛んに叫ばれているが、ICTを使えば良い授業ができるのではなく、子どもたちの日常感覚に迫り、それを学びの中で変化させていく方法として位置づけることが必要なのである。

第2節　生活認識とつなげる

1　学習指導要領解説編では？

『小学校学習指導要領解説：算数編』の第5学年においては、「測定した結果について、平均を用いて、それを妥当な数値として示すことができるようにする」ことをねらいとしている。また、第6学年においては、「平均が集団の特徴を表すもの」「資料の散らばりについても指導すること」「平均を用いて、身の回りにある事柄について統計的な考察をしたり表現したりする能力を伸ばすよう配慮すること」などが挙げられている（pp.210-211）。

<リポート1>

「お母さんの1日に吸うたばこの本数調べ」
―6日間調べました―

11/27	11/28	11/29	11/30	12/1	12/2
20本	15本	20本	15本	10本	13本

1日平均の式　　（20本＋15本＋20本＋15本＋10本＋13本）÷6日

$$= 93本 ÷ 6日 = 15.5本／日$$

<u>答え　1日平均15.5本</u>

1年間だと　　　15.5本／日×365日＝5657.5本

<u>答え　1年で5657.5本吸っている</u>

1年間でたばこのために使うお金

$$410円 ÷ 20本 × 15.5本 × 365日 = 115978.75円$$

<u>答え　1年で115978.75円使っている</u>

1日平均何mgニコチンを吸っているか？

$$0.8mg／本 × 15.5本 = 12.4mg$$

<u>答え　1日12.4mg吸っている</u>

1年間に何mgニコチンを吸っているか？

$$12.4mg × 365日 = 4526mg$$

<u>答え　1年で4526mg吸っている</u>

【リポートの感想】

　このリポートの結果を見て、お母さんがいっぱいたばこを吸っていることがわかりました。平均って、生活の中のことを知ることが出来ることがわかりました。1日平均から、1年のことを知ることもわかりました。このリポートを見て、お母さんがたばこの吸い過ぎに注意してくれればうれしいです。

・お母さんへ

　ご協力、ありがとう。この表を見て、たばこの吸い過ぎに注意してネ！それと、1年間で11万円もたばこに使っているのなら、私たちをもっとディズニーランドに連れて行ってもらいたいです。

2 「平均のリポート」作成で学びを深める

平均の学習をした後、子どもたちに生活の中のことを調べて、リポートにまとめさせた。そのときに「お母さんの1日に吸うたばこの平均調べ」をしてきた子どもがいた（**リポート1**）。

「平均って、生活の中のことを知ることが出来ることがわかりました。1日平均から、1年のことを知ることもわかりました」という考え方に至ったのは、すばらしいのではないだろうか。

現在の子どもたちにとって、「学びが生活につながっている」という実感が乏しくなっている。それが、学びからの逃避につながっている。生活認識から出発し、学びを経て、より高次の生活認識につなげていく。そうした「学びのサイクル」を、授業を通していかに創り出していくかが大切になっているのである。

第3節　学級崩壊クラスでの授業づくりのポイント

1　授業を途中であきらめたA先生

女性教諭のA先生は、5年生の担任である。そのクラスには、特別支援が必要な子、友達に手を出したり人の話を聞こうとしない子、虐待を受けている子や、家庭的な困難さを抱えている子などが10人近くいるという状況であった。そのため、クラスの授業はなかなかうまくいかなかった。2学期末の研究会のリポートで、A先生はその悩みを切々と書いてきた。正直、学級崩壊に近い状況だった。

その彼女が、1月中旬の国語の授業の様子をこんな書き出しから始まるリポートにまとめてくれた（**リポート2**）。

> <リポート2>
> 「わははは。私の耳は貝だって〜。ビヨ〜ン。(手を耳に当てながら)」
> 「涙が海なんだって〜〜。すげ〜」
> 「魚いるの?」
> 　3学期最初の国語の時間。残り時間が少なかったので、とりあえず音読の宿題ができるようにと、教科書に載っていた詩を読んだ。「詩の楽しみ方を見つけよう」という単元で、「紙凧」「ケムシ」「耳」「一ばん短い抒情詩」「光」「土」の六つの詩が書いてある。最初の「紙凧」という詩はよかったが、それ以降次々と笑いが起こった。
> 　「比喩だよ」「たとえてるんだよ」「何それ」とにかくゲラゲラ笑う男の子たち。つられて笑う女の子たち。そして真面目に伝えようとする数名。「次の時間にちゃんと教えてあげるからね」そういって授業を終わりにした。今までに比喩の詩を扱ったことはあったが、笑いが起こったのは初めてだった。教科書が新しくなり、私が初めて扱う詩もたくさん入っていたので、どう教えようかと考えながら迎えた初日だったが、たとえ授業時間が十分にあったとしても、私はここで授業を切っていたと思う。
> (この子たちにどう教えよう……)

2　学級崩壊クラスでの授業の工夫

　この授業が行われた日の夜に、研究会があった。A先生は、「授業が大変だったんです。うまくいかないことが悔しくて…。なんとかこの教材でリベンジしたいんです。どうしたらよいでしょうか?」と言って、教科書のコピーを私に手渡した。じっくりと教科書の六つの詩を読みながら、どのようにしたら授業が成り立つのかを考えていった。

　まず私は、「順番そのままやったでしょ」と聞いてみた。すると、「そうです。読む順番なんて、考えもしませんでした。教科書に出てきた順番でやっていきました」と答えた。そこで私は、「こうした授業がなかなか成

立しない状況のときには、普通に授業をやってもだめなんだよ。どの詩をどのように使ったら、子どもたちが授業に参加してくれたと思う？」と尋ねたが、答えが出なかった。私は、「この『一ばん短い抒情詩』を使うといいんだよ。この詩では、涙が海というイメージにつながっていくわけだけど、その二つのイメージをつなげるのは、けっこう大変なんだよ。だから、ワンクッション置くといいんだよ」と言いながら、丁寧に授業の進め方を教えていった。箇条書き的に書きたいと思う。ちなみに、使ったのは次の詩である。

「一ばん短い抒情詩」　　寺山修司
　　なみだは
　　にんげんのつくることのできる
　　一ばん小さな
　　海です

①最後の「海です」のところを、「水たまりです」と変えて提示すること。
②題名から「一ばん小さな」までの4行を、模造紙1枚に書いておく。
③最後の1行は、別に模造紙で書いて磁石で貼れるようにする。つまり、「水たまりです」と「海です」の2枚用意すること。
④「水たまり」を提示したときに、子どもたちは「アレ？」と思って「おかしいよ！」「違うじゃん！」といろいろ言ってくるから、「おかしくないよ」「じゃあ、水たまりから考えられるイメージを言ってみて」と言って、発言を促すこと。
⑤「水たまり」だと、「汚い」「小さい」「すごく浅い」と出てくる。
⑥それと比較させるように、「海です」と入れ替えて、海のイメージを考えさせること。
⑦「きれい」「青い」「魚がいる」「広い」「深い」「大きい」と出てくる。
⑧出てきた海のイメージの中で、「涙」とつながるものを考えさせる。
⑨その後、海と涙をつなげてイメージを広げていくようにすること。

第5章●現代学校に求められる教育方法　　*81*

3　授業記録から

　この授業を実施した後、A先生が書いてきた授業記録があるので、紹介したいと思う（**リポート3**）。

＜リポート3＞

　前回「海」のところで笑いが起こっていたので、今回は音読はせず、黒板に、

　　　なみだは
　　　にんげんのつくることのできる
　　　一ばん小さな
　　　水たまりです

と貼ってだまっていた。すると子どもたちは、「あれ？」「そこ、海じゃなかったっけ？」と言ってきた。そこで、「え、これじゃだめかなぁ。たくさん泣いたら、水たまりができると思うんだけど…」「でもやっぱり、海のほうがいいよ」（みんなうなずく）「そうかぁ、みんなは海のほうがいいと思うんだね。それじゃ、作者にも、きっと『海』にしたわけがあるよね。その理由を今日は考えていこう」そこでまず、子どもたちに「海」のイメージをたくさん出させた。

・広い（大きい）　・生き物がいる　・しょっぱい　・砂浜がある
・泳げる　・青い　・深い

　次に、この中で、「涙とつながりそうなもの」を聞いてみた。皆異論なく「しょっぱい（塩からい）」は選んだが、消去法で「広い（大きい）」「深い」の二つが残った。この二つについて話し合っていくと、つながるということでまとまった。「しょっぱい」はとても悲しい、とても悔しいことを表す。「広い」は、広場という言葉があるように、たくさんのものがあるということだ。そして、「深い」は、悔しい、悲しいなどの感情が深く、たとえようのないほど、と考えることができる。

　そこで、改めて本当の詩を見てみた。「海です」の一文をじっと見な

がら、子どもたちは静かに考えている様子だ。「海」という言葉にいろいろな思いがこめられていることを理解したのだろう。「人間が涙にこめた思いが、『海』という言葉に詰まっているんだね」とこの詩を締めくくった。
　感想に、「なみだと海の共通点はしょっぱいぐらいだと思っていたのに、こんなにあるとは思いませんでした。いろいろな意味が比喩にはあるんだなと思いました」「最初はへんなこと言ってると思ったけど、ちゃんと意味があることがわかった。どの詩も深い意味があって、今日は全体的にしみじみできた」「この詩を好きな理由は、『海』の一言には深い意味がこめられているからです。最初そんなにいっぱい大泣きしたのかなと思いましたが、今は『海』には人間の思いの全て、そして人生がこめられているんだと思います」「私は、この詩をはじめて読んだとき、この短い文の中に、どうしてこんなにも大きな意味をもったことを表せるのだろうか、と思いました。ですが、意味を一つ一つ考えると、海という言葉に作者の気持ちが入っていたのでびっくりしました」
　どの子どもの感想にも、昨日の授業とのはっきりとした変化が見られた。私も、驚きとともに喜びを感じたが、読み取りの変化に驚いたのは、なによりも子どもたち自身だったように思う。最初大笑いしていただけに、この変化はあまりに大きかった。
　この取り組みから改めて感じたことは、まずは教師自身の教材のしっかりとした深い解釈が必要であるということだ。そして取り上げる詩の順番を考えたり、「海」を「水たまり」に変えたりするなど、子どもたちに分かりやすく提示することでも、授業への入り方が全然違う。
　そしてまた、どんなクラスの実態があったとしても、子どもたちの心に入る授業をすれば、引き込むことができると感じた。この出来事が、2学期のこどもの指導について考えることの多かった私にとって、一筋の光となった。

4 「私的ないちゃもん」を「公的ないちゃもん」に

　学級崩壊を起こしたり、授業が成立しないときというのは、子どもたちは授業の中で「いちゃもん」をつけたくてしかたがないときなのである。何かしら文句を言って、授業のじゃまをする。いわば、「私的ないちゃもん」と言ってよいのである。その「私的ないちゃもん」を「水たまりです」という言葉を使うことによって、「おかしいよ！」「間違っているんじゃない」などという「公的ないちゃもん」に位置づけることが、授業のじゃまをする子どもたちを引き入れる大きなポイントなのである。そうして授業の中に引き入れていきながら、「水たまりじゃいけないの？」とわざと開き直り、「水たまりだとどんなイメージ？」と問いかけることで授業にのめり込ませていくことができるのである。

　授業というのは工夫しだいで、子どもたちを大きく変えていく可能性を秘めている。崩壊したクラスであったとしても、大変な子どもたちを、授業にいかに引き入れるかを考えることが大切なのである。

第4節　求められている学力

　OECDのPISA調査で（PISA2000年問題）、有名な問題として、「落書き」がある。落書きについて、賛否両論の意見として2通の手紙が紹介されている。それに対して、「どちらの手紙に賛成するか。両方の手紙の内容に触れながら、自分なりの言葉を使ってあなたの答えを説明して下さい」との問いかけがある。この問いかけに対して、どちらでもいいが自分なりの論理を展開できればいいのである。日本の一般的な考え方は「落書きは悪である」というものだが、外国であったら「落書きは悪とは言い切れない」という考え方も存在している。そうしたさまざまな考え方を対話を通して一致点を探していく能力が求められている。その力を身につけさせる

ためにも、学びの質を考えていく必要がある。

　今、小学校における学級崩壊が、かつてないほど広がってきている。特に、高学年における崩壊は、新しい形を持ち始めていると言ってよい。ある女の子がかわいい洋服を着てきたことで、他の子から「なに、かわい子ぶっちゃって！」などといじめられたりしている。これは、「かわいい」という価値観が、かってないほど大きな力を持ち始めているということである。今までの子どもたちには、「勉強ができること」「運動が得意なこと」が大きな価値観を占めていたし、そこで競争させられていたのである。しかし、現代の子どもたちは、勉強や運動だけでなく、サブカルチャーとして位置づけられていた「ファッション」や「かわいさ」や「個性」といったものまでが競争の対象になってしまっているのである。そのことを視野に入れながら子どもを指導していかなければ、今の子どもたちの心の中に入っていけなくなっている。

　その気持ちを無視して、「悪口・陰口」だけを指導し、「これからは悪口や陰口を言わないようにしよう」といった結末に持っていくならば、それは学級が崩壊していく端緒を開くことになりかねない。今、新しい学級崩壊の姿がチラチラと見え始めているような気がしている。大事なことは、「陰口は子どもたちが苦しんでいる姿だ」ととらえることである。現代社会の価値観の混乱と一元化が、子ども世界にも起きている。だからこそ、教室の中で「人間の価値は何で決まるのか」を担任が示していく必要があると言える。

　今、少し前には考えられないほどの「教室の困難さ」が存在している。また、年齢に応じた発達保障（ケア）がされていないという社会的な問題もある。そのうえ、教師が子どもの問題行動の背景をじっくりと見つめ分析していく余裕がなくなっているのであるから、学級崩壊が多くなるのも当然である。そうした状況だからこそ、教育方法を変えていくことで、どの子どもにも響く授業を創造していく必要がある。

　スマホのことを通して、憲法の内容を深くとらえ直していく。平均のリポートを通して、学びと生活をつなげていく。授業のじゃまをする子ども

を排除するのではなく、そうした子どもたちを学級に位置づけるために「私的いちゃもんを公的ないちゃもん」に変化させていくなどの工夫が必要なのである。授業をうまく進めていくことができるということだけでなく、教育内容をしっかり考えたうえで、最も適切な教育方法を導き出していくこと——そうした能力が、今の教師には求められているのである。

おわりに

　ある小学校6年生の出来事であるが、1、2年生で担任した先生が「荒れている」ということで同じ子どもたちを担任する。しかし、2カ月もたたないうちに崩壊してしまう。1、2年生でうまくいっていたので、再度の担任になったのであるが、どうしてなのだろうか。それは、「知識注入型授業」であったということである。1、2年生ならうまくいったかもしれないが、6年生で「知識注入型授業」は通用しない。子どもたちが自ら考え、課題を設定するなど、子どもたちを主体にした授業をしていく必要がある。

　また、深い興味・関心を引くような授業を創造していき、子どもたちの中に「思考の揺れ」を創り出していくことが肝要だ。情報化社会に生きる子どもたちにとっては、知識の量ではなく知識の質が問われてきているのである。

【文献一覧】
　文部科学省『小学校学習指導要領解説：算数』東洋館出版社、2008年
　国立教育政策研究所「OECD 生徒の学習到達度調査～ PISA 調査問題例～」
　　　文部科学省、2010年
　国立教育政策研究所編『生きるための知識と技能：OECD 生徒の学習到達
　　　度調査（PISA）2000年度調査国際結果報告書』ぎょうせい、2002年

第6章

知の専門職としての教師（限定型）
～欧米型～

藤井佳世

はじめに

　映画「パリ20区、僕たちのクラス」の舞台は、中学校である。この映画では、頻繁に登場する場面がある。それは、主人公の教師フランソワが担当しているフランス語の授業である。フランス語が母語ではない生徒にとって、その授業は違和感の連続なのである。たとえば、例文の主語が「ビル」であることに「シロばっか」とつぶやく生徒のエスメラルダ。彼女の反応は、異なる文化の中で生きてきた者にとって、国語の授業は文化的な侵入として感じられる、ということを示している。また、両親の仕事の関係でフランスに来たばかりの生徒ウェイ。ウェイは、基本的なフランス語を十分に習得していないために、中学校段階の言葉を習得することができない。学校で学ぶ言葉は、彼ら／彼女らにとってなじみのないフランス語である。時制や語尾変化などの文法を正確に美しく用いながら話すことは、彼ら／彼女らの日常にはない。

　当人が生まれ育った場所やコミュニティの中で使用されている言語が、彼ら／彼女らの自己と世界を形作っており、彼ら／彼女らの言いたいことはその言語でしか伝えることができないこともある。多文化社会の今日、教師は自らが教える内容をあたりまえのものとしてとらえることはできるのだろうか。教授する知そのものが文化抗争の火種となり、内容そのものの重要さが揺さぶられている。本章では、こうした現代社会における問題を視野に収めながら、欧米の教育を手がかりにして教職のあり方について考えていこう。

第1節　知育する教師

1　社会の分業としての学校

　まず、学校の特徴について簡単に振り返っておこう。そもそも学校は、

社会の分業として始まった。社会の分業とは、「靴を求めるのであれば靴屋に行き、衣服を求めるのであれば仕立屋にいく」(『大教授学』p.88) のと同じように、知識を求めるのであれば学校にいく、ということである。その背景には、家庭で十分な教育を受けることのできない子どもたちが考えられていた。家庭における教育を期待できない子どもたちは、学校に通うことによって知識を獲得することができる、というわけである。また、社会の中で、教授を実践する場所として学校が位置づくことによって、その教授を担うことを職業とする人々、すなわち教員が登場する。

こうした学校を構想したコメニウス（Comenius, Johannes Amos 1592-1670）は、教育の対象者を「全ての人」としてとらえた。「全ての人」とは、階級や身分、貧富に関係なく全ての子どもたち、ということである（ただし、男女にとって必要な教育は異なると考えられていた）。また、学校で教授される内容は、一般的なものから特殊なものへと段階的に変化するように配列されていたため、教員一人ひとりによる教授内容の違いはできるだけ抑えられ、どのような教員であっても、ある程度の教授が可能になると考えられていた。

2　教員と教師

ところで、教師と教員の違いは何であろうか。本章のタイトルにある教師（teacher）は、教員よりも広い範囲を指し示す。教員とは、「学校に勤務して児童生徒の教育活動に直接携わり俸給を得る者」(『新教育学大事典』p.372) のことをいう。簡単に言えば、教員とは、職業に与えられた名前と言ってもよいだろう。それに対して教師とは、「広義には、それぞれの専門分野における知識・技術を伝え、人の模範となって教え育て導く人を指す。狭義には、公認された資格を有して児童生徒などを指導する学校教師を指す」(同上書、pp.447-448)。ここで言う狭義が教員に当たる。広義の意味でとらえると、教師とは、学校ではない場所において、非常に優れた専門性を用いて教えている者に使用する用語である。

確かに、私たちは、カルチャーセンターや遺跡発掘現場において、その

卓越した専門性に基づく考えや知恵、技能に触れるとき、その人物を教師としてとらえるだろう。教師とは、職業としての教員に限定されるわけではない。むしろ、他者による学びが発生することによって、その者が教師として成立する、と言ってもよいだろう。その意味で、教員から教師になる過程が重要なのである。

3　知育

　学校において、なんらかの専門性を通して子どもたちの学びが発生するときの特徴とは何か。ここであらためて、教授（instruction, Unterricht）について確認しておこう。教授とは、「知識や技芸の伝授などを教えること一般を指」し、「広義には教育と同義に用いられることもあるが、狭義には教育の一形態として、様式や方法において養育や訓練と区別される」（『教育思想事典』p.199）行為のことである。狭義の意味として考えれば、教授は、子どもの世話を含む養育、肉体的な訓練とは異なる行為である。すなわち、教授は、主に知的な人間形成にかかわる教育的行為である。このような「知識の習得と知的能力の形成にかかわる教育」（『新教育学大事典』p.133）が、知育（intellectual education）である。学校における教授の特徴は、この知育にある。

　しかし、学校で教授される知は、混沌とした世界に一筋の光を与えるように、分かりやすく秩序づけられ選択された知である。あるいは、切り取られた知、学ばれるべき内容ということもできる。このような知をモレンハウアー（Mollenhauer, Klaus　1928-1998）は、「現象のなかにある現実性を、たしかに写しとるべく構成」された知であり、学校における知の世界は「正しいことがらが正しい仕方で学ばれるために」つくられた「教育学的鏡部屋」（『忘れられた連関』p.77）である、と述べている。

4　知育と教科学習

　現在のところ、教育学的鏡部屋の具体的内容は、教科である。日本の初等教育（小学校）の教員は、教科専門を有していないが、ドイツでは、小

学校の教員は、たいてい2教科を教授している。ここで考えなければならないことは、知育と教科学習との関係である。教科学習を閉じた空間における知育としてとらえてしまうと、教科内容を習得することは進級のために必要なことになり、知的能力の育成につながっていることを忘れてしまう。この状態では、なぜこの内容を教えるのかという教職（the teaching profession）にとって重要な問いに答えることはできない。なぜなら、教科学習において何が重要であり、どのような観点からとらえているのかといった、大きな知の構造から見た内容に関する理解がこの問いに答えるためには必要だからである。

　大切なことは、教授内容としての知は、単なる教科内容ではなく人間の文化であり、歴史、人類の知恵としてとらえることにある。それゆえ、学校における教師の仕事は、子どもを知的な世界に導くことにあると言える。

第2節　知育に専心できる仕組み
　　　〜ドイツを例に考える〜

1　知的教授に専念すること

　先に挙げた映画「パリ20区、僕たちのクラス」の中で、授業場面と職員会議、三者面談の場面は登場するが、教師が子どもたちの家庭環境に踏み込んだり、授業時間外に子どもたちを支援する姿は描かれない。当然のことながら、国や文化によって、学校の教師の仕事は大きく異なる。いいかえれば、社会における学校の位置づけが、教師の仕事とは何かという見方を形成しているのである。

　このように考えると、教師が学校の中で知的教授に専念できる背景には、それを可能にする社会状況やしくみがあることに気づくだろう。ここではドイツを例に考えてみよう。

2 地域における教育

ドイツでは、義務教育年齢の子どもたちが参加対象である、学校時間外に行われる学童保育や公的補助を受けた学校外活動がある。学校外活動の例として、子どものケアを含めた多世代の家、音楽学校、野外活動、青少年向け団体活動などがある（『子どもの放課後を考える』p.56）。音楽学校では、子どもから高齢者までのあらゆる年齢層が対象となっており、楽器、歌、バレエなどの教育支援、オーケストラなどをつくり演奏する活動などを行っている（同上書、p.49）。これらの活動は、学校における教育活動とは異なり、地域住民やボランティアを含めた人々によって担われており、芸術活動や動植物を育てる活動、健康管理、スポーツなどが実施されている。したがって、知育というよりは徳育、体育にかかわる側面が強い。

このように、学校における教育と地域社会における教育は、それぞれ異なる役割がある。そのため、こうした活動における規則や考え方は、宗教や民族などの文化的側面から構成されることもあり、学校とは大きく異なる場合もある。学校外におけるこれらの活動は、学校とは異なるしくみと目的を持った、子どもの成長を支える環境の一つである。

3 家庭における教育

学校が知的教授の場所となるためには、家庭における教育との異なる役割も重要である。家庭というプライベートな空間と学校という公共空間とでは、教育的関係と教育活動の内容は異なる。たとえば、プライベートな空間における問題は、そこにかかわる一部の人々だけが共有しているが、公共空間では、全ての人にとっての問題であることが重要である。すなわち、家庭における子どもの世話や養育と学校における教育は異なる教育活動なのである。それゆえ家庭教育も、学校外活動における子どもの成長を支える環境の一つと言える。

家庭教育と学校教育との違いについては、今日のドイツにおいても、家庭の問題、たとえば両親の離婚や離職によって、学校へ行くこともままな

らない状態や学校での学習に専念できない状態、つまり、学校外における問題によって安心して過ごすことのできない状態にある子どもたちはいる。このような子どもたちに対して、専門的見地から対応する者が学校に配置されている。だが、教師はあくまでも教科を教授する者である、という前提が崩れることはない。子どもの成長に関する知的成長を主に担うのが、学校の教師の仕事である。

4 社会全体で子どもの成長を支える

　知的教授に専心することは、学校化とは異なる。いいかえれば、教師が知的教授に専心することは、学校で学ぶ知識が進学のための道具となり、「偉大な古典でさえも、個人の人生に新たな転機を引き起こすものとならないで、『大学二年生』が使用するテキストの一部となる」(『脱学校の社会』p.149) ことを進めているわけではないのである。では、学校化と何が違うのか。それは、知育を行う教師がなすべきことは、知の世界との接続にある、という点である。子どもたちが知の世界と結びつきを持って世界を見ることができるとき、学ぶという行為が発生し、教えるという行為もまた成立する。人間が知の世界の住人であることを忘れたとき、学校化された世界に飲み込まれることになるだろう。

　ここで重要なことは、学校教育、家庭教育、地域における教育にはそれぞれ異なる役割があり、全体として子どもの成長を支える教育環境である、ということである。そのため、学習内容に対する習得についての責任は教師にあるかもしれないが、態度や姿勢に関する問題は学校教育の問題とは言いがたいこともある。

　しかし、学校での知的教授に専心することは、何も子どもの教育に責任を負っていないということではない。子どもの成長を支えるしくみが社会全体で考えられているからこそ、分業しているのである。その意味で、知的教授に専心する教師は、社会全体からとらえられた役割であることを見逃してはならない。

第3節　対話型の授業

1　ソクラテスの産婆術

　知育の教育方法は、ソクラテス（Sokrates, B.C.470/469-B.C.399）の産婆術に原型を見ることができる。産婆術とは対話によって知を生み出すことであるが、ここでいう対話がとても特殊な方法なのである。ソクラテスは、「知識とは何か」というテーマについてテアイテトスと対話する中で、「僕は知恵を生めない者」だが「とりあげの役」をすることができると述べる（『プラトン全集2』p.202）。そのため、ソクラテスの対話の相手が、対話の中で何かを発見したとしても、その発見は、「何ひとつ僕のところからいまだかつて学んだことがあったためではなく、自分で自分自身のところから多くの見事なものを発見し出産してのことなのだ」（同上書p.203）と、ソクラテスは言う。

　ソクラテスの対話は、主にソクラテスと対話者の2名によって進められる。「知識とは何か」という対話に登場するのも、ソクラテスとテアイテトスの2人である。対話の形式は、ソクラテスが問いかけ、その問いにテアイテトスが答える形である。テアイテトスは、ソクラテスの問いにとても誠実に答えようとする。その対話の過程の中で、テアイテトスは、知らず知らずのうちに真理へと近づいていく。

　テアイテトスの答えは、ソクラテスが述べたことの再現ではなく、ソクラテスの問いかけに答えようとして、すでに知っていること、経験したことを再構成することによって生み出された知である。このように、ソクラテスの導きによって、テアイテトス自身が納得し、獲得した知が生み出されていくことが、知育の原型である。

2　対話型の授業

　こうした対話の反対に、独話がある。教育学者ボルノー（Bollnow, Otto

Friedrich 1903-1991）によれば、独話的とは、「一方だけが話者であり、他方は聴いて理解するという役割を与えられるような話しかた」（『言語と教育』p.32）のことをいう。独話的な話し方の代表例が、命令や要求である。命令や要求は、「もしもわたしが、ある人にこうしなさいといい、かれがそうすれば、それでかれはわたしの願いを果たす」（同書、p.32）ことになる。それに対して、対話的であることは、「多数の人が交互的な役割において同等の権利を割りあてられているような話しかた」（同書、p.32）のことをいう。

　学校の授業は、ソクラテスのように2者によってなされるわけではないが、2者によってなされているのと同じように、すべての者が同等の権利を持って、問いと答えが続く対話に参加することのできる授業が、対話型の授業と言える。したがって、対話型の授業とは、子どもたちが活発に話すことができていればよいということではない。問いと答えの連続、そこに触発される推論が見られず、探究している教育内容、知に関する深まりがなければ、ただのおしゃべりとなる。対話型の授業において重要なことは、子どもの問いかけ、教師の問いかけである。問いと答えの過程の中で、推論することを通して、子どもたち一人ひとりが学習内容を自分なりに習得していくことが可能となるのである。

3　個別化と個性化

　子どもたち一人ひとりによる学習内容の習得をより充実させるために、一人ひとりの異なる能力に応じた教育方法が考えられてきた。その方法には、個別化（individualization）と個性化（personalization）という二つの考え方がある。個別化とは、「学習者がもっている知識、経験、興味・関心、能力などの様々な個人差を考慮し、一人一人の子どもに合ったペースで学習を進め、それぞれの子どもの学習を成立させること」（『新教育学大事典』p.286）である。たとえば、指導の個別化として、到達度別学習や完全習得学習、進度に合わせて発展学習と補充学習を用意するケースなどがある。

　個性化とは、「各学習者がもっている個人的特質、すなわち、他の人と

は異なる個性、その人らしさを引き出し、伸ばすことを目指した学習を行うこと」（同上書、p.286）である。学習の個性化には、課題選択学習や課題設定学習など、子どもたちが自身の関心に沿って学習課題を選択し、探究するケースなどがある。

4　思考の習慣

このように一人ひとりの納得を伴う理解、考える力を軸に授業を組み立てていくことは、単に「知っている」という到達とは異なる次元の学びを開く。私たちが思考する人間であることを基礎に据えて知育を充実させる教育の一つに、アメリカの教育学者でもあり教育実践家であるマイヤー（Meier, Deborah 1931-）の取り組みがある。

マイヤーは、「教えることは説明することではない」と考え、スモールスクールを提唱し、知性的な習慣を子どもたちが使用できることを教育の目標として設定する。知性的な習慣を使用することができる人とは、ある出来事について、①証拠、②視点、③因果関係、④仮説、⑤妥当性を常に考えることのできる思考の習慣（Habits of Mind）を身につけた人、すなわち思慮深く批判的に思考できる人のことである。このような教育目標を徹底させるためには、教師集団が日頃から対話を実践することが、子どもに対する重要な教育的行為となる。

第4節　知の世界を探究し、学び続ける教師

1　知識基盤社会

先に述べた思考の習慣は、私たちを知性的に生きることへ導く教育と言える。このような教育は、今日の知識基盤社会（Knowledge-based society）においてますます重要性を増している。「平成15年度文部科学白書」のタイトルは、「創造的活力に富んだ知識基盤社会を支える高等教育～高等教

育改革の新展開」であった。それから約10年がたち、知識基盤社会における知のありようは、高等教育だけではなく、初等教育における小学校の学習観にも影響を与えている。

　新しい技術や情報が社会のさまざまな活動の基盤になるという知識基盤社会は、成熟社会における労働のあり方と結びついている。いいかえれば、単純労働から知的労働へと移行する社会において、その労働を支える知は、もはや暗記したことによって補うことのできる知ではない、という認識である。金融や情報メディアだけではなく、どのような場面においても異なる知を結びつけ、新たな商品を生み出すことができるなど、私たちは知的な生産労働に従事する可能性が高い社会に生きているのである。

2　知の活用

　こうした知識基盤社会において重要な役割を占めるのが、正解のない問題に取り組む力や経験したことのない問題に取り組む力、アイデアを交換する力などである。このような力は、確かに経済社会における功利的なものである一方で、多文化社会の中で、ある問題を誰かとともに解決しようとすると必ず必要になってくる力である。たとえば、今日の環境問題や金融問題などのグローバルな問題は、国境を越えて影響を与え合っており、自国の文化や思想だけで解決することは困難である。異なる文化と歴史を有する者どうしのアイデアによって知性的に諸課題を乗り越えていくとき、多文化共生社会のあり方が提示されるだろう。

　重要なことは知の活用であり、単に「知っている」ことではない。知の活用は、コミュニケーション能力、対人関係能力、問題解決能力、情報通信技術の活用能力などに、具体的に現れている。これらの力は「学校や教科書で得た知識がすぐに陳腐化してしまうような常に変化する世界にうまく適応し、人生を切り開いていくために必要な能力であり、生涯にわたって継続的に習得していかなければならない」(『生きるための知識と技能4』p.2) といわれている。すなわち、知の活用とは、それによって人間の知恵や文化が更新され、次世代の知へと変化していくことを進めることである。

3　今日の知育

このような知の活用に基づけば、今日の知育は、多くのことを知っていることを目指すのではなく、習得した知をどのように活用するか、どのような文脈で知を習得したか、といった生きた知を生み続ける教育と言える。こうした知育は、答えを先取りする学習や暗記学習からは生まれてこない。どれだけ時間がかかったとしても、子どもたち一人ひとりが自分なりに知を介して世界を見ることができるようになることが重要なのであり、誰か（例えば、教師）の目をそのまま写し取ることは重要ではない。

変化し続ける知の世界への信頼を背景にして、教職（the teaching profession）は成り立っている。教職とは、「広義には、人々に一定の知識・技能を教授・指導することを生業とする職業一般を言い、狭義には学校に勤務する教授職員（学校教員）の職業」（『現代学校教育大事典2』p.391）のことである。

4　教職の専門性

教職の専門性は、伝達技術の高さにあるわけではない。教えることが、子どもたちの学びによって成り立つ行為であることを考えれば、教育内容に対する深い理解と子どもたちの理解を結び合わせることができることが教職の専門性の一つである。そのためには、教師自身が学び続け探究し続けることによってのみ開かれる知の世界と結びついた授業が、実践されなければならない。教師は、一人ひとりの子どもたちが自分なりの力で知を活用する行為者であることが求められる授業や評価のあり方を考えていく必要がある。したがって、教職にとって学び続けることは、知育の充実をさらに深めていく非常に重要なことである。

子どもたちを知の世界へ導く代理者である教師は、自身による知の世界への飽くなき探究心を基礎に、知の世界とつながっていなければならない。そうすることによってのみ、教室では、知的世界の深淵を喪失することなく教授することができるからである。子どもたちが、知的世界に基づいて世界を解釈しようとするとき、その参入を支え続けることができるのは、

教師の学び続ける姿勢だけである。

おわりに

　学校における教師の仕事とは何であろうか。いくつもの要因が重なり合って、さまざまな教育的働きかけが学習効果をもたらしていることは言うまでもない。

　しかし、家庭教育ではできない教職の専門性が発揮されることが、学校における最も中心的な教育的働きかけである。ここで、閉じた知を教えることばかりに目を向けてしまうと、学校化と同じ道をたどってしまう。知の専門職としての教師にとって重要なことは、学びの経験を軸に知育をとらえることである。

　これからの教育に必要なことは、子どもたち一人ひとりが独自の物語を生きることができ、他者に提示することができ、他者とともに共有することができることである。その教育は、誰かよりも早く正解を見つけるゲームとは異なる学びがある。教職の専門性は、そうした知的な学びを子どもたちに提供できることにこそ、求められるべきである。

　教職にある者、教職を志す者は、教育内容に関する探究心によって自らが動かされた経験があるのではないだろうか。そうした経験を知覚できない者は、教職の中心を占める知的教授から遠ざかってしまっているのかもしれない。正解をコストパフォーマンスによって見つけてきた者であったとしても、自らの探究がやまない領域を思い返してほしい。そこにこそ、知の世界とつながる学びが展開されているはずである。知の教授を介して子どもたちと関わる教師の姿を、今一度思い描いてみよう。

【文献一覧】
　安彦忠彦・新井郁男・飯長喜一郎・井口磯夫・木原孝博・児島邦宏・堀口秀嗣編『現代学校教育大事典』〔2〕、ぎょうせい、2002年

池本美香編著『子どもの放課後を考える：諸外国との比較でみる学童保育問題』勁草書房、2009年

イリッチ, I.（東洋・小澤周三訳）『脱学校の社会』（現代社会科学叢書）東京創元社、1977年

教育思想史学会編『教育思想事典』勁草書房、2000年

国立教育政策研究所編『生きるための知識と技能4：OECD生徒の学習到達度調査（PISA）2009年調査国際結果報告書』明石書店、2010年

コメニウス（稲富栄次郎訳）『大教授学』（世界教育宝典全集）玉川大学出版部、1956年

プラトン（田中美知太郎訳）『テアイテトス』（プラトン全集2）岩波書店、1974年

細谷俊夫・奥田真丈・河野重男・今野喜清編集代表『新教育学大事典』〔第2巻、第3巻〕第一法規出版、1990年

ボルノー, O. F.（森田孝訳）『言語と教育：その人間学的考察〔増補版〕』川島書店、1969年

マイヤー, D.（北田佳子訳）『学校を変える力：イースト・ハーレムの小さな挑戦』岩波書店、2011年

モレンハウアー, K.（今井康雄訳）『忘れられた連関：＜教える―学ぶ＞とは何か』みすず書房、1987年

第7章

人間形成する教師（包括型）
～東南アジア型～

長濱博文
牧　貴愛

はじめに

　東南アジアと呼ばれる地域は、民族的・宗教的に多様性に満ちており、国と国の違いはもちろんのこと、同国内においても地域ごとに文化的な違いが見られる。しかしながら、学校、教員、授業、児童生徒といった日本語が指し示すものは、東南アジア諸国においても比較的簡単に見つけることができる。それぞれの国の学校を訪ねれば、学校の校舎や校庭、授業を行っている教員、それを聞いている児童生徒といった、日本の学校に似た風景を見つけることは難しくない。このように、日本語が指し示す内容と同じようなものが東南アジアの国においても見られることは、一見、当たり前のように思えるが、実は不思議なことではないだろうか。また、東南アジア諸国の学校、教員、授業、児童生徒の風景は、日本のそれらとどの程度似ていたり異なっていたりするのだろうか。

　本章では、このような比較の視座から、東南アジア諸国における学校教育改革の動向や教員に求められる役割、職務内容、教員養成制度といったいくつかのテーマについて学ぶ。東南アジア諸国は全11カ国あるが、本章では、多民族から構成され植民地経験を有するフィリピンと、上座部仏教徒が多くを占め植民地経験を有さないタイの2カ国を中心に、適宜、東南アジアの他の国々についても述べることとする。

　本章での学習・研究を通して、諸外国における学校教育や教員についての理解を深め、日本の学校教育や教員をめぐるさまざまな事柄について、客観的にとらえ直す目を養うことが目指される。

第1節　東南アジア諸国の学校教育と教員

1　東南アジア諸国の教師像

　戦前の日本では「三尺下がって師の影を踏まず」と言われていたように

教員は尊い存在であった。東南アジア諸国では、今日もなお教員は尊い存在である。**表1**に示すように、教員は、東南アジア諸国のみならず、世界のさまざまな国において尊い存在である。東南アジアということで見れば、フィリピン、タイ、シンガポール、マレーシア、インドネシアにおいて「教師の日」が定められている。たとえば、タイでは「教師の日」が年2回（1月16日と5～6月の木曜日）公的に設けられている。5～6月の木曜日に行われる「教師拝礼」では、幼稚園・保育所、小・中・高等学校はもちろんのこと、大学などの高等教育機関に至るまで、園児・児童・生徒・学生が教員にフラワーアレンジメントを作り、教師を訪ね、教師の慈悲と思いやりに感謝と恩義を示す。

表1●世界各国の「教師の日」

国　名	月　日
韓国	5月15日
北朝鮮	9月5日
中国	9月10日
台湾	8月27日
フィリピン	10月5日
タイ	1月16日・5～6月の木曜日
シンガポール	9月1日
マレーシア	5月16日
インドネシア	5月2日
アメリカ	州や主催者により異なる
メキシコ	5月15日
エクアドル	4月13日
パラグアイ	4月30日
ペルー	6月7日
ブラジル	10月15日
旧ソ連	10月第1日曜日
旧東ドイツ	6月12日
ポーランド	1月26日
ルーマニア	6月30日
ブルガリア	5月24日

出典：『「心」の教育』p.209を基に筆者作成

　フィリピンでは、1994年に制定されたユネスコの「世界教師の日」である10月5日を「教師の日」と定めている。これに加えて、アキノ大統領は、9月5日から10月5日の1カ月間を「国家教師月間」と宣言しており、その期間内に主に初等・中等学校において学芸会が行われる。学芸会では、教師に蘭の花飾りが贈られ、各学年の生徒たちが、寸劇やダンス、または歌や詩の朗読などを学校全体の活動として披露する。この活動は、高学年の児童会・生徒会のメンバーによって事前の十分な計画と練習を経て行われる。中華系フィリピン人の学校では、孔子の誕生日とされる9月28日を「教師の日」としている。

　タイの教員は、児童生徒のみならず地域社会における「品行の手本」で

あることが強く求められている。「品行の手本」とは、児童生徒が見習う模範的な人間としての意味合いに加えて、児童生徒を模範的な人間となるよう形づくるといった教員の役割を象徴する文言である。実際、筆者が、タイにおいて現職教員や教育省職員に折に触れて教師像の話をした際にも「品行の手本」とは「メー・ピム（仏像を鋳造する際に用いる鋳型）」のことを指しているといった発言がほとんどであった。

インドネシアでは、教員は「勲章のない英雄」としばしば表現される。教員は、低い給与にもかかわらず全身全霊をささげて、児童生徒を教え導くという尊い職業に従事していることを端的に示す言葉である。

東南アジア諸国の教員は、後述するように総じて経済的な報酬が高くはない。しかしながら、人づくりという教師の重要な職責は伝統的に尊ばれ、教員もそれに応え続けているのである。

2　学校掃除による人間形成

日本はもちろんのこと、東南アジアを含むアジア諸国の学校では、児童生徒が学校の掃除を行う。多くの日本人にとってはそれがごく当たり前のことである。1970年代に行われた学校掃除についての国際比較調査結果をまとめたものが**図1**である。図では、学校掃除の主体別に、清掃員が行う「清掃員型」と児童生徒が行う「生徒型」、そして清掃員と児童生徒の双方またはいずれかが掃除を行う「清掃員・生徒型」の三つに類型化されている。国・地域ごとの分布を見ると、東南アジアや日本を含むアジア諸国において「生徒型」が顕著に見いだされることがわかる。日本の禅門においても「一に掃除、二に看経」と言われるように、仏教的な考え方が影響を与えているからである。その昔、仏陀の弟子にチュラーパンタカ（別名茗荷）という者がいたといわれている。チュラーパンタカは、物覚えが悪く、3年間修行を積んでいるがいっこうに悟りを得ることができなかった。仏陀は、チュラーパンタカに一本の箒を渡し「塵を去り、垢を除こう」と唱えよと諭され、そして箒で掃くうちに、チュラーパンタカは悟りを得た、といった説話が残されている。アジア諸国において、児童生徒が学校の掃

図1●世界の学校掃除に関する分布図

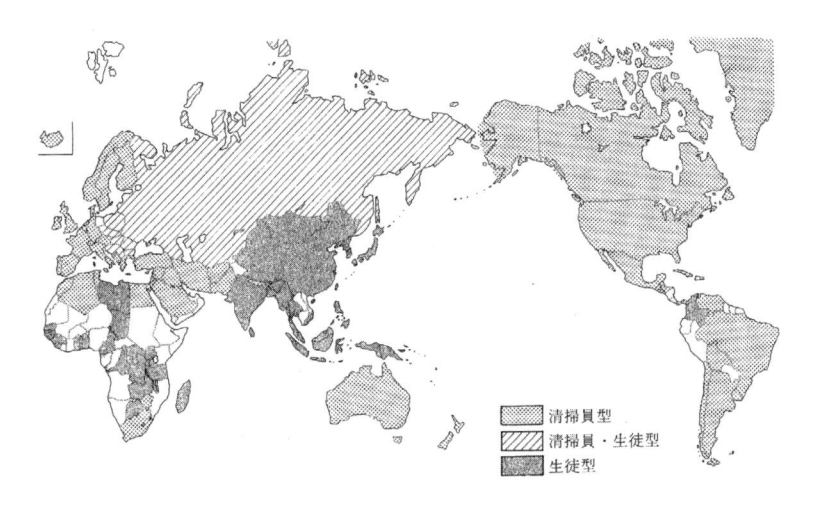

清掃員型
清掃員・生徒型
生徒型

出典:『「心」の教育』p.14

除を行うことは、人間形成と深いかかわりがあるからなのである。

3　学校教育の量的拡大から質的向上へ

　東南アジア諸国において近代的な学校教育制度が導入された後、都市部はもちろんのこと、地方の農村まで学校が設置され、多くの子どもが学校へ通い就学率が高まるといった量的拡大を見せたのは、第2次世界大戦後、とりわけ1950年代末頃からの「開発の時代」以降である。当時の東南アジア諸国は、北方から迫る「紅いドミノ」に対するアメリカの反共政策による手厚い財政的・技術的支援を受けて、国民を創出ないし統合するための学校教育の整備・拡充を図っていた。このような教育の量的拡大は、戦後のベビーブームにより生じた「教育爆発」に応える形で、また、全ての人々が等しく基礎的な教育を受ける機会を保障することを目的とした「万人のための教育（EFA：Education for All）」といった国際的な取り組みの追い風を受けて進み、1995年から2000年頃には、粗就学率が100％を超える国も見られるようになった。当時は、教育の量的拡大に伴う教員需要に応

えるために速成的な教員養成が行われており、本章で取り上げる教員の役割や職務内容といった教育の質にかかわる事項に光が当たるようになるのは、1990年代後半以降のことである。

近年、アセアン（ASEAN：東南アジア諸国連合）といった政治的・経済的・文化的な協議体（地域協力機構）をさらに発展させるために「アセアン安全保障共同体」「アセアン経済共同体」「アセアン社会・文化共同体」の3分野を中核として、それぞれの分野において域内協力が進められている。学校教育とのかかわりにおいては「アセアン社会・文化共同体」の構築の一政策として「アセアンらしさを涵養する教育（Education for ASEAN-ness）」が掲げられ、英語教育の強化はもちろんのこと、アセアン諸国の言語、宗教などさまざまな事柄を盛り込んだ教育実践が展開されている。

第2節　東南アジア諸国の教育と教授スタイル

1　多民族に配慮した教育課程

東南アジア諸国の学校においても、日本の教科ないし領域に相当するものを見つけることができる。本章冒頭に述べたように、教育という営みは人類普遍のものである。他方、日本の教科ないし領域に相当するものであっても具体的な教科内容や領域の内容は、国ごとに異なる。

表2は、東南アジア諸国のうち、主要国の初等教育（基礎教育）課程の教科（タイの場合「学習内容グループ」）を比較したものである。日本の教育課程に見られる国語、算数・数学、理科、社会、芸術・美術、図工、保健・体育、家庭科は共通して見いだされることに加えて、次の3点の特徴を指摘することができる。

第1に、タイ、フィリピン、マレーシア、インドネシア、シンガポールでは、宗教、道徳、価値教育といった教科が見られること。これは、それぞれの国が多様な民族から構成されており、一つの国としてのまとまりを

表2●東南アジア諸国の初等教育課程の比較

タイ	フィリピン	マレーシア	インドネシア	シンガポール
タイ語	科学	語学	宗教教育	英語
数学	数学	数学	公民	民族語
理科	英語	地域研究	インドネシア語	算数
社会・宗教・文化	フィリピノ語	宗教/道徳	算数・数学	社会
保健体育	社会	芸術・保健体育	理科	美術・工作
芸術	音楽・美術・保健体育		社会	公民・道徳
職業・テクノロジー	技術・家庭		英語	体育
外国語	価値教育		芸術	音楽
学習者開発活動			技術	保健
			情報コミュニケーションテクノロジー	理科
			外国語	
			体育	

出典:『東南アジア諸国の国民統合と教育』『世界の学校』『世界の公教育と宗教』を参照し、筆者作成

保つために、相互を尊重し合うといった点から極めて重要であり、また、東南アジア諸国の教育課程の特徴の一つである。たとえば、マレーシア、インドネシアではイスラームが国是とされ、宗教科として教授されている。そして、学校教育を行う国民学校と伝統的宗教学校（マドラサやプサントレン）が併存している状況が続いている。伝統的宗教学校においても国民学校の主要教科が教えられるようになったが、イスラームの教えが児童生徒の社会性の獲得および人格形成に与える影響は依然として大きい。

　フィリピンでは、ユネスコの価値理念を通して、どの宗教からも受容される「平和」「人権尊重」「平等」といった普遍的な価値、さらに「神への信仰」「国民的団結」などの価値による国民統合を目指したが、実際は国民の8割を超えるキリスト教における価値の教授がなされてきた。また、住民の多数派がムスリム（イスラーム教徒）である南部ミンダナオのムスリム・ミンダナオ自治区では、イスラームの価値も含めた価値教育が行われてきた。このように、地域に根ざした宗教に依拠する傾向のある価値教

育が行われてきたが、教員の多くは宗派を超えた普遍的価値を共有することに賛同している。

第2に、東南アジアにおける学校教育では、日本と同様な主要教科（国語、数学、理科、社会等）を学ぶ中でも、国家統合のための国語教育がまず主たる教科であり、旧宗主国の言語が第二言語として教授される場合が多いこと。たとえば、フィリピンでは、国語のフィリピノ語（タガログ語）とともに、米国の植民地であったことから初等教育段階から英語が教授され、公用語はフィリピノ語と英語の2言語である。他方、シンガポールでは、華人が国民の70％以上を占めているものの、タミル系やマレー系などの他の民族に配慮し、公用語は英語と定められている。

第3に、マレーシア、シンガポールでは、少数民族の言語に対する配慮が見られること。マレーシアの語学の中には、マレー語、英語、華語、タミル語が含まれており、学校ごとに異なった言語が教授されている。シンガポールでは民族語といった教科が設けられている。

東南アジア諸国の教育課程をめぐる課題としては、特に理数科（数学、化学、物理等）の教育分野における教育資源（学校の施設設備や専門性を備えた教員）の著しい不足がある。こうした課題に対して、たとえば、日本のJICA等による理数科教員育成のためのプロジェクトが実施され、教員数は増加傾向にあるが、いまだ十分ではない。

2 東南アジア諸国の特別活動

東南アジア諸国の学校教員は、上述のような教科を担当することはもちろんのこと、日本の特別活動に相当する領域も担当している。また、日本の生徒指導に相当するガイダンスやカウンセリングを教員の職務としている国も見られる。日本の特別活動に相当するものとしては、たとえば、タイでは「学習者開発活動」がある。学習者開発活動とは①ガイダンス活動、②児童生徒の活動、③社会や公益に資する活動の三つから構成されている。ガイダンス活動では、自分自身を知り、問題を解決したり、自らの進路設計をしたりといった内容を行うこととされている。児童生徒の活動として

は、「ルーク・スア（虎の子）」と呼ばれるボーイスカウト・ガールスカウト活動、赤十字活動、クラブ活動などを行うこととされている。社会や公益に資する活動としては、さまざまなボランティア活動を行うこととされている。ボーイスカウト活動は、タイのみならず、フィリピン、インドネシア、マレーシアにおいても行われている。ボーイスカウト活動は、多民族を国民として統合したり、国家の独立を維持したりといった動きと連動する重要な教育活動である。

　ボーイスカウト活動以外に見られる特徴的な活動としては、たとえば、フィリピンの昼間部のみの小学校に見られる「自由活動」がある。これは、日本の小学校におけるクラブ活動に相当する活動である。しかしながら、午前と午後で児童が入れ替わる2部制や3部制をとっている小学校では、授業を終えた児童に校庭を開放するにとどまり、教員が指導に当たることはまれである。

3　教師中心主義から学習者中心主義へ

　近年、東南アジア諸国のみならず世界的な教授・学習過程のあり方として学習者の興味・関心に重きを置いた「学習者中心主義」という考え方が強く見られる。東南アジア諸国も例外ではなく、たとえば、タイにおいても教師に重きを置いた教授学習過程から離れて、学習者に重きを置いた教授学習過程へと改善する動きが見られる。フィリピンでは「全人・統合アプローチ」と呼ばれる学習者中心の教授法の開発がなされてきた。これは、不十分な教育環境の中でも、学習指導と生徒指導を統合することにより、教育的効果を上げることをねらいとした教授法である。ポル・ポト政権以降の内戦を経て学校教育が再開されたカンボジアでは、ユニセフなどの国際的援助の下で、グループ学習などを用いた児童生徒を中心とする教授法へと改善がなされている。しかし、学習者中心の教授法は形式化した「型」としてのみ定着し、授業内容の理解が進まず教育的効果が必ずしも上がっていないという指摘もある。

　こうした学習者中心主義を目指す改革の動きは、逆に考えれば、東南ア

ジア諸国における伝統的な授業形態は、いわゆる一方通行の講義ないし一斉教授であったということを端的に示すものである。と同時に、教師中心主義的な教授学習過程は、前節で述べた尊い存在、模範的人間としての教師像とも符合するものである。

また、学習者中心主義的な教授学習過程への転換は、暗記・暗唱できる知識という伝統的な学力のあり方を転換させるものである。たとえば、日本においてもしばしばその結果が政策の方向性を大きく変化させうるPISA（OECD生徒の学習到達度調査）と呼ばれる国際学力テストは、暗記・暗唱できる知識ではなく、知識や技術の活用といった新しい学力に焦点を合わせたものである。しかしながら、東南アジア諸国を訪問すると、都市部では受験対策を講じる学習塾が多く見られたり、大学入試に失敗したことが原因の自殺といった新聞記事を目にしたりする。これは、イギリスの社会学者ドーア（Dore, Ronald Philip 1925-）が『学歴社会：新しい文明病』の中で提示した「後発効果（late development effect）」としてとらえることができる。「後発効果」とは、近代化を遅れて開始した国では、学校の修了証がより重んじられるというものである。東南アジア諸国では、いわゆる先進国に比べて、より強固な学歴社会が展開しているのである。

第3節 東南アジア諸国の教員養成

1 教師の日常

東南アジア諸国の学校教員の朝は早く、シンガポール、カンボジア、フィリピン、タイ、マレーシア、インドネシアでは、午前6〜8時には始業する。たとえばシンガポールでは、毎朝7時半に朝礼（アセンブリー）が行われたり、タイでは、授業準備や学校掃除の指導に当たったりする教員の姿をしばしば見かける。シンガポールの教員は、週5日の勤務日のうち3〜4日は残業を行っている。また、部活動の指導を担当している場合

は19時ごろまで学校に滞在しているようである。他方、マレーシアやフィリピンでは、午前と午後で児童生徒が入れ替わる2部制ないし3部制が採られている学校もある。その場合、教員は自らの授業時間に合わせて出勤するため、午前出勤の教員、午後出勤の教員の姿が見られる。国によって教員の勤務形態は大きく異なるが、総じて朝早い時間帯に学校に出勤している。これは、東南アジア地域の気候が大きく関係している。東南アジア地域の気候は、大陸部（ミャンマー、タイ、ラオス、カンボジア、ベトナム）がモンスーン気候、島しょ部（マレーシア、インドネシア、フィリピン）の多くが高温多湿な熱帯多雨林気候に属している。大陸部が属するモンスーン気候では日較差が大きいため、比較的気温が低く快適な早朝に始業するのである。また、モンスーン気候（サバナ気候）は、雨期（5～10月）と乾期（11～4月）に分かれている。たとえば、タイの学期制は、5～9月が1学期、11～3月が2学期という学期制をとっている。日本で新学期が始まる4月は、タイで最も暑い時期であるため「夏休み」となっている。また10月は、雨期の間降り続いた雨によって洪水が起こり、幹線道路にも水があふれるため休業期間となっている。フィリピンでは6～10月と11月～3月の2学期制をとっており、4～5月が「夏休み」である。このように、気候を反映した学期制が取られているのも東南アジア地域の学校教育の特徴の一つである。

2　教員をめぐる諸問題

近年、日本では教員をめぐるさまざまな問題が指摘され、メディアをにぎわせているが、東南アジア諸国においても学校教員をめぐるさまざまな問題がある。たとえばフィリピンでは、理数科教員がより給与の高い米国などの海外の教員として流出するいわゆる「頭脳流出」がしばしば見られる。また、フィリピノ語、英語といった公用語に加えて84種にのぼる方言の存在から、教授言語をめぐる問題を抱えている。

タイでは、教員の負債問題がメディアで取り上げられている。タイの教員は、後述するように国家公務員としての身分を有しており、国王に仕え

る者である。そうした身分に見合う近代的な生活を望んだ結果、負債が生じてしまっているのである。負債問題は、他の東南アジア諸国に見られるように、学校教員が家庭教師、生命保険販売などの副業に従事するといった問題を生じさせている。副業に従事すれば、当然のことながら教員としての本務に専念することが難しくなる。教員の給与をめぐる問題については、教育改革の一環として、教員給与の改善策が講じられつつある。

3 教員の資格・身分と教員養成制度

近年、教育改革の主眼が教育の質的向上に置かれるようになってから、改革の成否を担う教員の質的向上についてもさまざまな施策が講じられている。東南アジア諸国の改革施策の構想から実施に至るまでのスピードは、日本のそれが数十年も滞ったままであるかのように映るほど迅速である。試行錯誤を許容する価値観、いいかえれば東南アジアの多様性を許容する寛容さといった文化的基盤が、この迅速な改革を支えている。

表3は、東南アジア諸国の教員免許状の有無、身分、養成課程年限、教育実習期間を対照したものであり、次のような特徴が分かる。

第1に、免許状制度の有無に関しては、マレーシアならびにシンガポール以外の国では、教員免許制度が設けられていること。こうした免許制度が設けられている国は、いわゆる「開放制」をとっており、教育学部以外においても教員養成が行われている。たとえばタイでは、大学の教育学部で5年課程を履修するのが最もポピュラーであるが、文学部タイ語学科など教育学部以外の学部を卒業し、教育学部において1年間の教職課程を履修することで教員免許状の取得要件を満たすことが可能である。フィリピンでは、教員免許試験が設けられており、その受験資格は教員養成課程以外の者にも開かれている。インドネシアにおいても「アクタ」と呼ばれるプログラムを受講することで教員になることが可能である。他方、教員免許制度を有しないマレーシアとシンガポールでは、教員養成機関が定められており、いわゆる閉鎖的な教員養成が行われている。

第2に、教員はいずれの国においても国家公務員ないし公務員としての

表3 ●東南アジア諸国の教員の資格・身分・養成課程の比較

	タイ	フィリピン	マレーシア	インドネシア	シンガポール
免許状の有無	有	有	無	有	無
教員の身分	国家公務員	国家公務員	公務員	公務員	国家公務員
教員養成年限	5年間	4年間	4年間または大学卒業後1年間	5年間	大学卒業後1〜2年間
教育実習期間	1年間	4カ月	14週間	1年間	10週間

出典：『アジアの教員』を基に筆者作成

　身分を有していること。これは、多様な言語、宗教、民族を有する東南アジア諸国において、国民形成ないし国民統合の装置として学校教育が極めて重要な役割を担っていることを端的に示している。

　第3に、教員養成年限は、マレーシア、フィリピンを除き5年以上であり、教育実習期間が最短でも10週間と日本に比べて長期間実施されること。たとえば、シンガポールでは、大学卒業後に、国立教育学院（NIE）において教員養成に特化した高度な養成プログラムを履修することになっている。タイでは、4年次から週の半分以上の時間をかけて学校での観察実習等を行い、5年次には1年間の教育実習を行っている。フィリピンでは、大学の教員養成課程を修了した者に対して、専門科目の教員免許試験の受験資格が与えられる。

　教員養成の長期化ないし高度化が、より良い教員の養成につながるか否かは賛否両論あるが、東南アジア諸国が教員の質的向上に力を注いでいることは疑いのない事実である。

おわりに

　一昔前であれば「途上国」といったまなざしが向けられていた東南アジア諸国は、今日ではASEAN共同体の構築を目指し、政治・経済分野のみならず、それを支え、促進する教育分野においてもさまざまな改革施策を導入・実施し、躍進を遂げつつある。

　本章第1節で述べた「品行の手本」や「勲章のない英雄」といった伝統

的な教師像や児童生徒による学校掃除という伝統的な人間形成は、東南アジア、広くはアジア諸国の特徴の一つである。他方、第2節で述べた教師中心主義から学習者中心主義的な教授学習過程への転換という革新的な人間形成は、東南アジアのみならず、世界各国において見いだされるある種グローバルな傾向である。また、第3節で述べた教員養成の長期化ないし高度化は、教員全体の質的向上を図っている点において、一部の教員を対象としている日本の「教職高度化」とは大きく異なるものである。東南アジア諸国の学校教育と教員をめぐる特徴の一つは、まさにこの点にある。すなわち、伝統的な人間形成と革新的ないしグローバルな人間形成が共存している点である。このような伝統と革新の調和が見いだされるのは、植民地としてあるいは独立を保持するために、諸外国の文化と自国の文化の折衷を図ったり、多様な文化的要素を包み込む寛容さが求められたりしたことによるものであろう。多文化共生社会を迎えている国々が、ある種「先進」している東南アジア諸国の経験や実践から学ぶ日はそう遠くない。

【文献一覧】

江原武一編著『世界の公教育と宗教』東信堂、2003年

小川佳万・服部美奈編著『アジアの教員：変貌する役割と専門職への挑戦』ジアース教育新社、2012年

沖原豊『「心」の教育：日本教育の再発見』学陽書房、1986年

沖原豊編著『学校掃除：その人間形成的役割』学事出版、1978年

千葉たか子編著『途上国の教員教育：国際協力の現場からの報告』国際協力出版会、2003年

二宮皓編著『世界の学校：教育制度から日常の学校風景まで』学事出版、2006年

村田翼夫編著『東南アジア諸国の国民統合と教育：多民族社会における葛藤』東信堂、2001年

桃木至朗ほか編『東南アジアを知る事典〔新版〕』平凡社、2008年

第8章

知の世界を伝える教師

赤堀方哉

はじめに

　私が教師の仕事を考えようとするとき、いつも思い出す1本の映画がある。それは、ラッセ・ハルストレムが監督し、2000年に公開された「ショコラ」である。
　敬虔なキリスト者たる村長の下、古くからの伝統を守って静かな生活を送る村に、ある日謎めいた母娘がやってきてチョコレート・ショップを開く。そのチョコレートの効能で村人たちの感覚が解放され、やがて村の雰囲気も開放的なものに変わっていく。そして、いくつかの偶発事を経て、村長も共同体とルールの関係についての覚醒に至り、癒やされるに至るというストーリーである。
　教師が提示する知の世界は、子どもたちにとってチョコレートのような魅惑的なものなのであろうか、それとも、厳しい鍛錬を必要とするものなのであろうか。また、知の世界に触れることによって、子どもたちの生き方とその世界は変容していくのであろうか。もし、変容していくのならば、それはどの方向に向かって変容していくのであろうか。教育に子どもたちの生き方や世界を変容させる力があるのであれば、そこに社会や国家はどのようにかかわってくるのであろうか。
　この章では、第1節では知の世界を理論知と実践知との観点から論じていくことを通して、子どもたちにとって学ぶことの意味について考える。第2節では知識基盤社会の背景とそこで求められる力について論じることを通して、現代社会と知の関係について考える。第3節では近年求められている新しい力やリテラシーについて学ぶことを通して、学ぶことと文化の創造について考えていく。

第1節　知の世界

1　世界のことわり

　アリストテレス（Aristotélēs　B.C.384-B.C.322）は、「人は誰でも生まれつき知ることを欲する」（『形而上学』〔上〕）と述べている。知ることの欲求とは、自分なりに整合的な世界のイメージを作り上げたいという欲求である。人類は知的好奇心に突き動かされながら、自然や社会について考えてきた。その中で生み出された必然的なもの、永遠的なものに関する知が理論知と呼ばれ、"世界のことわり"を記述している。

　子どもたちは、教師を通して、世界のことわりに触れていくことになる。知は、単に記憶しておくべき知識の総体ではない。世界の見方そのものであり、知の世界に触れ世界のことわりを知るたびに、世界そのものが変化していくのである。たとえば、言語哲学のなぞなぞに、「イヌが地球上に初めて登場したのはいつか？」というものがある。もちろん、生物学的には何万年前ということが分かっているのであろうが、この答えは「イヌという語が地球上に登場したとき」である。「イヌ」という語を知ることによって初めて、他の四本足の動物から「イヌ」を区別して認識することができるようになったとするのである。

　子どもたちが、その日学んだことを、まるで、世界の"秘密"を手にしたかのように目を輝かせて話している場面に立ち合うことがある。子どもたちは、世界のことわりを知り、世界と新たに出会いなおしているのである。

2　世界と自分

　『星の王子さま』の著者として知られているサン=テグジュペリは、航空機の技術が不安定な時代のパイロットでもあった。彼の自伝的な物語『人間の土地』には、ベテランパイロットにスペイン航路のアドバイスを

求めるシーンが出てくる。

> 彼はまた、ゴーデスについても言わなかった、ただゴーデスの近くに、ある原っぱを囲んで生えている三本のオレンジの樹について、「あれには用心したまえ、きみの地図に記入しておきたまえ…」と言った。するとたちまちにして、その三本のオレンジの樹が、地図のうえで、シエラネヴェスタの高峰より幅を利かすことになるのだった。(中略)
> やがて、すこしずつ、ぼくの地図のスペインが、ランプの灯かげのもとで、おとぎの国になってくるのであった。

初飛行の不安を抱えるサン=テグジュペリが、ベテランパイロットに教えを請うことによって、その不安が薄らいでいく。スペインという土地に育つオレンジの樹を知り、そこで生活する人々の息遣いを知ることによって、スペインという土地を受容し、その土地を愛する自分へと変容していく様子がそこにうかがえる。彼が学んだことは、自分と世界との関係であった。

3 社会と自分

知の世界は、世界がどのようであるかにかかわる知だけで構成されているのではない。この社会の中で、いかに生きるべきかにかかわる知の領域もある。これは理論知に対して実践知と呼ばれる。いかに生きるべきかを問うた実践は数多くあるが、その中で最も有名なものの一つに「山びこ学校」がある。

山びこ学校とは、昭和20年代の山形県の寒村で、中学2年生を対象として無着成恭（1927-）によって指導された作文・綴り方教育である。子どもたちが、自分の生活を綴り、語り合うなかで、自分の生活の中に自分たちが背負わされている根源的な問題を見いだし、その解決に向かって学んでいく姿がうかがわれる。

お母さんのように働いてもなぜゼニがたまらなかったのか、しんけんに勉強することを約束したいと思っています。私が田を買えば、売った人が、僕のお母さんのような不幸な目にあわなければならないじゃないか、という考え方がまちがっているかどうかも勉強したいと思います（中略）。

僕たちの学級には、僕よりも不幸な敏雄君がいます。僕たちが力を合わせれば、敏雄君をもっとしあわせにすることができるのではないだろうか。みんな力を合わせてもっとやろうじゃありませんか。

いかに生きるかを学び、学ぶ中でいかに生きるかを知る。学ぶことと生きることが往還することによって、知の世界が輝き出すでのある。

第2節　知識基盤社会

1　工業化社会から知識基盤社会へ

18世紀の産業革命以降めざましい発展を遂げた工業化社会は、第2次世界大戦を経ても発展・生産性を伸ばし、20世紀までの社会経済を牽引してきた。工業化社会の特色は、大規模な機械や設備を使い、規格製品を大量に生産することが経済活動の中心であった。日本では工業化社会に適合する人材を産業界に輩出することによって、日本の経済的繁栄を支えてきた。「既存の体系化された知識を、教師から学生へ伝授していく」という教育のあり方を前提として、知識量が多く、事務処理が早く正確という工業化社会に適合する人材を輩出してきた。

しかし、20世紀末から工業化社会の限界が指摘されるようになり、ポスト工業化社会のモデルとして、情報化社会や知識社会などが示されるようになってきた。1999年にはブタペストで世界科学会議が開催され、「知識は人類共有財産である」などのブタペスト宣言が採択された。次いで、EUでは2000年にリスボン戦略を決定し、今後10年間で「知識基盤社会」

の建設が目指された。

　日本でも2008（平成20）年に出された中央教育審議会答申「我が国の高等教育の将来像」において、知識基盤社会という社会像が示された。その特徴として、①知識には国境がなく、グローバル化が一層進む、②知識は日進月歩であり、競争と技術革新が絶え間なく生まれる、③知識の進展は旧来のパラダイムの転換を伴うことが多く、幅広い知識と柔軟な思考力に基づく判断が一層重要となる、④性別や年齢を問わず参画することが促進される、等が挙げられている。

　この節ではグローバル化と技術革新について論じ、次節では新しいリテラシーとのかかわりで、柔軟な思考力、社会参画について論じていく。

2　グローバル化

　グローバル化という問題意識自体は、それほど新しいものではない。1970年代には、地球環境問題とのかかわりでグローバル化が論じられるようになり、1990年代には経済のグローバル化が強調された。1990年代後半からのITの普及は、グローバル化を加速させる。情報の取得・発信において、国境などのボーダーの意味が失われ、言語や文化のみがボーダーとして柔らかく機能するようになる。しかし、この言語的な障壁も取り払われつつある。楽天では、社内公用語を英語としているのは有名な話であるし、世界の英語話者のうちノン・ネイティブが半数を超えているともいわれている。

　2006（平成18）年の教育基本法の「改正」で出てきた愛国心についても、グローバル化の文脈で説明されている。「教育改革国民会議の報告」では、「グローバル化が一層進展する新しい時代を生きる日本人をいかに育成するかを考える必要がある。そして、そのような状況の中で、日本人としての自覚、アイデンティティーを持ちつつ人類に貢献する」とされている。すなわち、国際社会で生きていくためには、まず自己の所属する国家の一員としてのアイデンティティが必要であるということであり、そのための教育基本法の改正ということになる。

しかし、教育を通しての愛国心の養成にはいくつかの危険が付きまとう。国を愛するということを法的に規定した場合には、「我々」と「他者」を区別する排他性をはらむものでありうる。極端な例であるが、国連人口局は、2050年に日本の人口の3分の1は外国人になるという推計を出した。これは、現在と同じ労働力人口を維持するという仮定での推計ではあるが、一つの未来社会像を示している（「補充移民」）。人口の3分の1は外国人というような事態は生じないとしても、現在、日本の学校には日本語の指導が必要な外国人児童生徒が3万人近く存在する（「『日本語指導が必要な外国人児童生徒』の受入れ状況等に関する…」）など、グローバル化の流れは進んでいくであろう。

　このようなグローバル化の中で、一方で教育は日本としての「統合」を維持する機能が求められ、他方で「多様性」を包摂する機能が求められている。相互の信頼と共生を支える基盤として、自己の文化を学ぶだけでなく、他者の文化を理解・尊重しながら関係を作っていく力を育てていくことが求められている。

3　成長戦略としての知識基盤社会

　知識基盤社会へ転換していくことは、日本の成長戦略としても重要である。OECDは、知識が生産性の向上や経済成長の推進力となり、知識や情報の生産・分配・利用に直接基礎を置くような経済を知識基盤型経済と呼んでいる。そのモデルは1990年代末に、情報産業でのイノベーションで経済成長を成し遂げたアメリカである。

　日本がこれまで、世界経済の中でしかるべき地位を占めていたのは、高い技術力によってであった。近年、発展途上国が急速なスピードでキャッチアップしてきており、この優位性は崩れつつある。しかし、人材以外の資源に乏しい日本にとって、知識基盤社会を牽引する人材の育成は、わが国の最重要課題の一つである。中でも、科学技術の振興は、社会と経済の発展の原動力となるであろう。

4　知識基盤社会を支える生涯学習

　原生人類が20万年前に地球上に誕生して以来、その大半が狩猟・採取の生活をしてきた。この間、人類の生活には大きな変化はなかった。しかし、約1万年前に農耕が始まり、生産は飛躍的に増大し、人々の生活は安定し、文化も急速に発展するようになった。この文化の発展の速度は、ますます速くなってきており、いまや、親世代と子世代が同じ文化を共有していることが自明のものではなくなってきている。たとえば、この本を読んでいる多くの学生にとっては、ケータイのない大学生活などほとんど考えられないかもしれないが、親世代でケータイを持った大学生活を送った者はほとんどいないであろう。

　このことは、教育のあり方を大きく変えようとしている。かつては、学校は社会に出るために必要な知識や技能を身につける場所であった。しかし、この急激な変化に対応するためには、学校教育で得た知識や技能にとどまらず、絶えず生み出されている知識や技能を学び続ける必要が生じる。将来出てくるであろう新しい知識や技能は教えようがないため、学校教育は完成教育であることを放棄せざるを得ない。そのとき教師は、子どもらが将来出会うであろう新しい事態に対処するための学び方を教えることに、その仕事の重心が移っていく。もちろん、学び方だけを取り出して学ぶことはほとんど不可能であるので、ある知識や技能を取り上げ、それを学ぶことを通して、学び方を学ぶということになる。そして、その繰り返しの中で、生涯にわたって学び続ける技能と意欲を伝えることになるであろう。

　ここで、意欲はより大切である。学ぶことにより、自己が変わり、事態が変わり、社会が変わっていくことの実感の積み重ねにより、学ぶことの魅力を子どもたちに伝えていくことが教師の仕事になる。学びに向かう意思と学ぶ能力が備わることにより、生涯にわたって自分自身を育てていくことができるのである。

第3節　新しいリテラシー

1　リテラシーとは

　リテラシーという語が日本で注目されるようになったのは、PISAで、「読解リテラシー」「数学的リテラシー」「科学的リテラシー」が設けられたことによるものだと思われる。このような注目を集める以前には、リテラシーは、読み書き能力や識字率を指すものとして理解されてきた。そして、識字率を高めていくことが、近代公教育の大きな役割の一つであった。

　しかし、単に文字を読み書くことができることと、実生活の中でそれらの能力を生かすことができることとはイコールではない。このことを指摘したのがグレイ（Gray, William S.　1885-1960）の機能的リテラシーである（*The teaching of reading and writing*）。所属する文化の中で、「読むことを通して、生活をより豊かに、より満足のいくものにすることを可能とする」ためのものであり、社会参加を可能にするものではないことが提起された。

　また、読むことを通して自己解放と社会変革を提起したのがフレイレ（Freire, Paulo　1921-1997）の批判的リテラシーである（『被抑圧者の教育学』）。フレイレは、読むことは知ることであり、現実を対象化することによって世界と自覚的に向かい合い、批判的に介在することが可能であると論じたのである。

　このように、リテラシーは単に読み書きの能力を指す概念としてではなく、世界とかかわっていく能力を指す概念として使われるようになってきている。

2　キー・コンピテンシーとPISAリテラシー

　知識基盤社会においては、知識や技能のみならず、課題を発見する力、柔軟に考える力、知識や技能を使って課題を解決する力および人間関係を構築していく力など総合的な「知」が必要だとされている。こうした要請

を受けて、国際標準の学力として特定しようとしたのがDeSeCo計画であり、そこからキー・コンピテンシーが形成された。

キー・コンピテンシーは「道具を相互作用的に用いる」「異質な集団でかかわりあう」「自律的に行動する」の三つのカテゴリーから構成される。つまり、「道具を介して対象世界と対話し、異質な他者とかかわりあい、自分より大きな時空間の中に定位しながら人生の物語を編む能力」と言えるだろう（『〈新しい能力〉は教育を変えるか』）。

PISAリテラシーとは、このキー・コンピテンシーのうち「道具を相互作用的に用いる能力」を具体化したものである。PISAでは「読解リテラシー」「数学的リテラシー」「科学的リテラシー」のそれぞれが定義されているが、共通点をまとめると「思慮深い市民として社会に参加するために思考・判断し、また、自分の考えを他者に伝える能力」が求められている。

3　情報リテラシー

情報リテラシーとは、①コンピュータ等のメディアを利用する能力、②得られた情報を評価する能力、③それらの情報を利用する能力である。

1990年代後半のインターネットの普及は、私たちと情報との関係を大きく変えた。かつては、新聞の全国紙を通読することによって、社会で起こっていることの大部分を知ることができた。新聞には、新聞社によって取捨選択された情報が、その背景の解説とともに掲載される。その情報に多くの人々がアクセスすることによって、多くの人が少ない情報を共有することができた。

インターネットの普及とともに、多様な情報が提供され続け、それらの情報に容易にアクセスできるようになった。このとき、それらの情報にアクセスできるかどうか、つまり、コンピュータや検索エンジンを使いこなせることは、現代社会を生きていくための必須の技能になる。

しかし、コンピュータや検索エンジンを使いこなすだけでは、必要な情報を手に入れることは難しい。たとえば、検索エンジンに「情報リテラシー」と入力すると100万件近い情報がヒットする。その中には、質の高

い情報から明らかに虚偽の情報までが含まれている。そして、その大半が文脈を持たない情報の断片である。それらの情報の中から、質の高い情報を見つけ出し、他の情報と結びつけることができてはじめて、意味のあるひとまとまりの知を得ることができる。

そのためには、情報を取り扱う技能が不可欠である。情報がどのような分布になっているのか、情報がどのような根拠に基づいて示されているのか、情報がどのような意図に基づいて発信されているのか、これらのことに関心を持つことが求められている。

4　政治リテラシー

2003（平成15）年の中央教育審議会答申では、「21世紀の国家・社会の形成に主体的に参画する日本人の育成を図るため、政治や社会に関する知識や判断力、批判的精神をもって自ら考え、『公共』に主体的に参画し、公正なルールを形成し遵守することを尊重する意識や態度を涵養することが重要」であることが示された（「中央教育審議会答申：新しい時代にふさわしい…」）。ここでは自分たちで「公共」を作っていくことと既存の「公共」を守っていくことの両面が示されている。

戦後日本では、経済成長という目標が日本全体で共有されてきた。そして、それぞれがその持ち場で"頑張る"ことによって、パイ全体が拡大し、豊かさが実感されてきた。しかし、日本の経済成長が鈍化する中で、幸せの形が豊かさに一元化されなくなっている。また、限定されたパイの分配をめぐっての争いが頻繁になり、選挙結果が自分たちの生活に直結するようになる。このとき、未来社会をそれぞれが構想し、その形成に主体的に参画していくことが求められるようになってくる。たとえば、東日本大震災以降の原発と電力をめぐる議論は、極めて政治的である。リスクを抱えながらも安価で大量の電力を消費する社会を選択するのか、リスクを回避して高価な電力を節約して使う社会を選択するのかは、正解のない問いである。将来世代の負担も考慮しながら、未来社会のあり方にそれぞれがかかわっていくことが求められている。

そのためには、知識としての政治制度だけでなく、現実社会の政治に関心を持ち、自らが社会をつくり変えられるという有能感を獲得することが求められている。

おわりに

子どもたちからの「どうして勉強しなくてはいけないのか」という問いかけに、何と答えることができるだろうか。「いい学校に入って、いい会社に入って、お金持ちになる」というような答えや、「りっぱな大人になる」のような答えなどが、かつてはよく見られた。経済成長が自明でなくなり、価値が多様化する時代においては、上のような答えは子どもたちを学びへと向かわせる力を急速に失っている。

知の世界に触れることそのものの喜びや、学ぶことを通して自分が変わり社会が変わっていくことの喜びを伝える言葉を、教師は持たなくてはならない。

【文献一覧】

アリストテレス（出隆訳）『形而上学』〔上〕（岩波文庫）岩波書店、1969年
教育改革国民会議「教育改革国民会議報告：教育を変える17の提案」2000年
サン゠テグジュペリ, A.（内藤濯訳）『星の王子さま：プチ・プランス』（岩波少年文庫）岩波書店、1953年
サン゠テグジュペリ, A.（堀口大学 訳）『人間の土地〔改版〕』（新潮文庫）新潮社、1955年
中央教育審議会「我が国の高等教育の将来像（答申）」2005年
フレイレ, P.（小沢有作・柿沼秀雄・楠原彰・伊藤周訳）『被抑圧者の教育学』(A.A.LA教育・文化叢書4) 亜紀書房、1979年
松下佳代編著『〈新しい能力〉は教育を変えるか：学力・リテラシー・コンピテンシー』ミネルヴァ書房、2010年
無着成恭編『山びこ学校』（岩波文庫）岩波書店、1995年

文部科学省「中央教育審議会答申：新しい時代にふさわしい教育基本法と教育振興基本計画の在り方について」『文部科学時報』第1525号、ぎょうせい、2003年

Gray, W.S. *The teaching of reading and writing* UNESCO, 1969

国連経済社会局人口部「補充移民：人口の減少・高齢化は救えるか」2000年
http://www.kisc.meiji.ac.jp/~yamawaki/kyosei/policy.htm
（2013年11月19日確認）

文部科学省「『日本語指導が必要な外国人児童生徒の受入れ状況等に関する調査（平成22年度）』の結果について」2011年
http://www.mext.go.jp/b_menu/houdou/23/08/__icsFiles/afieldfile/2011/12/12/1309275_1.pdf （2013年11月19日確認））

第9章

子どもの理解を深める教師

小関禮子

はじめに

　一人の子どもにはさまざまな面がある。外見的に強がっている子どもが実は、寂しがり屋であったり、学校ではしっかり者といわれる子どもが、家では甘えん坊であったりする。子どもはさまざまな面を持っており、また、状況によって見せる表情や態度は異なる。そこで、「子ども理解を深める」ために、教師は、子どもを多面的に見つめるとともに友達関係や家族関係など、その子どものありのままを丸ごと理解することが大切になる。それによって、子どもは教師を信頼し、安心して自分をさらけ出す。また、教師も、子どもの持つその子らしさを理解し、一人ひとりの良さを伸ばす指導を行うことができる。

　しかし、子ども理解は容易なことではない。学校や教育機関等の研究紀要を読むと、「子どもに寄り添った指導」がキーワードとして取り上げられていることが少なくない。これらは、2000（平成12）年、教育改革国民会議による「授業を子どもの立場に立った、分かりやすく効果的なものにする」（『教育を変える17の提案』）との提言とねらいを一にしている。「子どもの側に立つ」ことは、「子ども理解」を前提に、①子どもの思いや願いを受け止めること、②子どもの立場・心情等に共感すること、③子どもの興味・関心を指導に生かすこと、④子どもの経験や習熟度など個の実態に応じた指導をすることである。

　この「子どもの側に立つ教育」の重要性は、古くはデューイ（Dewey, John 1859-1952）によって「児童は出発点であり、中心であり、目標である」と提唱されている。（『教育における興味と努力』p.74）

　1世紀近くたった今もこの教育が強調されるのは、前述した①〜④にかかわる子ども理解が困難なことであることを物語っている。

　子ども理解を深めるには、一人ひとりの子どもの特性を理解するとともに、子どもの発達段階を踏まえた科学的な理解や子どもが属する集団などの環境とのかかわりの中で、多面的に子どもをとらえる必要がある。

　そこで、本章ではまず、子どもの世界に焦点を当て、一人ひとりの子ど

もの中に宇宙があることを理解する。また、揺れ動く心と子ども特有の不安について考える。次に、子どもの悪を取り上げ、悪いことだと頭で理解していても、ときには反対のことをしてしまう子どもの心情を考察する。そこでは、子どもの発達段階の課題があり、仲間の存在や集団のルールが大きく影響することがある。そこで、子どもの仲間意識や人間関係の側面から「子ども理解を深めていく」ことにする。

最後に、子ども理解を深めるための教師の姿勢について触れる。

第1節　子どもの世界

子どもは一人ひとり異なる存在である。そして、子ども一人ひとりは、その子ども独自の世界を持ち、その中に住んでいる。子どもの世界は、単に大人の世界を小さくしたものではない。どんなに幼い子どもの世界であっても、無限の広がりと深さを持つ、大人にはうかがい知れない世界でもある。

子ども一人ひとりが形成する世界は、その子どもの思いや願い、興味や関心のあるところ、人とのかかわりや学習の習熟の状況、経験したこと、考えたことなど、多くの要素が複合的に組み合わされ、構成されている。

1　開かれたり閉じられたりする子どもの世界

子どもは自分の世界で、自由に思いを巡らせ、夢を膨らませるが、成長に伴い、その生活空間や人間関係等は広がりを持ってくる。行動範囲や交友関係の拡大は、子どもに多様な体験や経験をもたらす。子どもは、友達からの刺激を受けながら、興味・関心などを急激に広げ、自分のなりたいことやしたいことに思いや願いをはせることになる。ときには空想を広げ、その中に埋没することもある。自分だけの世界では、好きなことに熱中することができる。

このように子どもの世界は、他との豊かなかかわりを通して広がり、大

きく開かれていくことが多いが、中には、自分の世界に逃避し、自分の世界だけに閉じこもる子どももいる。自己中心になりがちで、友人間のトラブルを抱える子どもに多く見られる傾向である。特に、自己制御、基本的生活習慣、コミュニケーションに課題がある場合、学校生活や授業にうまく適応できない状態になる。その結果、子どもはますます閉鎖的な世界に閉じこもり、苦しむことになる。人とのかかわりが苦手な子どももいる。

「閉じられた世界」にいる子どもを深く理解するには、受容的・共感的な理解が特に重要である。子どもの姿を多面的に観察すること、子どものささいな言動を見逃さないこと、気になる事実を記録し積み重ねることなどを通し、心情を深く読み取る教師の姿勢が重要になる。

2 気になる他者の目と守りたい世界

学校に勤務していると、多様な家庭があることを実感する。

保護者が朝食を作らないので、コンビニエンスストアの弁当を夕飯と朝食に分けて食べ、登校してくる子どもがいる。このような状態でも子どもは、親のマイナスになることは口外しない。また、虐待で体に傷がある子どもが、親の行為を他人には容易に伝えないことがある。

この事例の根底には、子どもなりの自分と自分の家族に関するプライドがある。親を守りたい気持ちも存在すると思われる。他人に知れたら恥ずかしい、惨めな自分を見られたくない、他と比較して自分は異質な存在と思われたくないという意識が働いている。

自分に弱みがあると自覚した場合、プライドが前面に出て隠そうとすることがある。他者にのぞかれたくない、踏み込まれたくないという思いが強い。弱みを見せず、守りぬきたい自分の世界である。

このように、なかなか子どもの真の姿が見えないときは、子どものプライドに寄り添いながら、真実を読み取ることが大切になる。また、他者を強く意識している場合も、真実の姿が表れないことがある。それは、子どもが「良い子」を演じることが多いからである。

子どもたちは、大人の前では無意識のうちに「良い子」のふりをするこ

とがある。特に、親や周囲から過度に期待されている場合や、他から賞賛され続けてそれが当然と考えている子どもは、自分の情けない面や恥ずかしい面などを率直に出すと、親や教師の期待を裏切るのではないかという不安感にさいなまれる。自分が自分で決めた枠や、教師や親が決めた枠の中で「良い子」を演じ続けている限り、子どもは自分らしさを発揮することができない。

　一方、子どもどうしの世界では、親や教師よりも友達の視線や評価が気になり、自分らしく振る舞えない状況に置かれることがある。

　教師には、表面的な子どもの言動で子ども理解をするのではなく、その裏にあるものも全て分かろうとする努力が必要になる。

3　情報の波に脅かされる子どもの世界

　子どもの世界は、子どもの主体的な営みによって形成されたものである。しかし、次に述べるように、急激に発達した情報化の波は、子どもが形成したこれらの世界にさまざまな影響を与えている。

　現在、子どもたちは、消費社会を構成する重要な一員になっている。購買意欲を誘う多くのモノやさまざまな情報は、子どもの生活のみならず、考え方にまで影響を及ぼしている。また、モノにかかわる人間関係（保有することの優位性、認められる喜び等）が子ども社会をゆがめることがある。たとえば、仲間どうしの間で、同じ服装をしたり、同じものを所有したりすることは、仲間としての存在を証明する手段になっていることが多い。過度な同調性は、子どもを主体性のない閉鎖的な子ども世界に押し込めることになる。さらに、人とのかかわりにおいても、携帯電話、パソコンなど情報機器の発達やSNSの普及は、仮想空間の形成を可能にした。この空間は、Face to faceでのコミュニケーションを必要とせず、見ず知らずの人と交流する独自の人間関係の世界を築いている。

　子ども社会に与える情報化の影響は大きく、子どもの世界や子どもどうしのつながりは絶えず変化している。子どもの世界や仲間関係を固定的にとらえず、注意深く見つめ、子ども理解につなげる必要がある。

第2節 子どもの不安

「思春期にはそれまでの心と体のバランスが崩れ、様々な体験や学習を通じて青年期以降に向けた新たなバランスが構築される」(中央教育審議会答申「次代を担う自立した青少年の育成に向けて」2007年1月)。

心と体のバランスの崩れは、この年代の子どもに不安をもたらす。不安とは、「対象が比較的不明瞭な漠然とした感情」(『学習指導用語事典』p.307)ととらえることができる。

好奇心が旺盛で何事にも意欲的に取り組む子どもでも、内面には心配事や不安を抱えている。子ども一人ひとりの揺れ動く心を理解することが大切である。

1 不安の発達的変化

『学習指導用語事典』によると、小学校時代は、「学校、健康、人的危害に関するもの、特に、他からの身体的危害及び拒否に関する心配」(同書、p.307)が不安の中心になる。

友達や教師との関係は、常に気がかりなことである。特に友達の評価やうわさ話は気になり、否定的な見られ方や仲間外れには強い不安を持つ。また、東日本大震災以降、災害、生命に関する不安も増大している。学習面では、失敗することやできないことについての不安が大きい。これは、分かりたい、できるようになりたいという気持ちの表れでもあるが、競争意識に駆り立てられ、焦燥感を高めることもある。

中学・高等学校時代などの思春期にさしかかると、心身の発達のアンバランスから精神的に不安定な時期を迎える。子どもであり大人であるという不確定な立場から生じる自己の葛藤の時期でもある。「中学生の情緒面の特徴は、不安で落ち着きのなさであり、その反面としての反抗である」(『新教育心理学基本用語辞典』p.134)。社会的側面では、自立願望に対して、経済的・精神的未熟さから、自分の思いどおりにならない焦りといらだち

を持つことになる。また、保護者などへの甘えや依存の気持ちと、それを否定する孤立と独立の願望が強くなる。まさに子どもの中は、相矛盾する二つの行動基準が同居し、どのように行動すればよいのか分からないアンビバレンスな状態になっている。

　この現象は、友人関係など人間関係にも表れてくる。仲間と群れなければ安心できず、仲間から拒否されることへの恐怖を持っている反面、誰からも干渉されたくない、しがらみやあつれきから解放されたいとも考え、両者の間で悩み、自己のあり方に不安を持つ。

　これらの不安、葛藤など鬱積（うっせき）した心のエネルギーは、ウチまたはソトに向かって動く。ベクトルがソトに向かったときは反抗としての行動が顕在化し、ウチに向かったときは無気力・無力感にさいなまれ、引きこもり等の行動をとることが多い。

　反抗の矛先は、たとえば、建て前と現実のギャップなど、大人社会の矛盾や理想どおりにならない事実に向けられる。反抗の過程を通して、子どもは、モノゴトの本質や自己の生き方を探ることになる。

　この意味で、子どもの反抗は、自立した個の確立には欠くことができない。親子関係では、反抗を通して親離れ・子離れが促進され、子どもは、自己の価値基準でモノゴトを判断し、行動しなければならなくなる。

　また、この時期、身体の急激な変化は、自己の意思と関係なく生じる。性や異性への関心も高まり、自分自身を制御することに悩む子どもも少なくない。同時に、隠れて成人向けサイトにアクセスするなど、子どもは、親や教師に知られたくない秘密を持つことがある。秘密は、自立のあかしでもあるが、自分が一人で抱え込まなければならない不安要因にもなる。また、子どもから大人への体の変化は個人差が大きく、自己の成長が一般的なのか特異なのかについて自己判断が難しく、不安になることが多い。

　このように子どもはさまざまな不安やストレスを抱えていることを踏まえ、不安やいらだちを共感的に理解することが大切である。

2 不安と肯定的自我の確立

　青年期は「孤立感や不安感、無力感を背負いながら生きて行ける自我の確立への努力」(『学習指導用語事典』p.60) の時期でもある。また、「自分が生きる価値はどこにあるのか」「自分は何をしたいか」などの問いに肯定的な答えを模索する時期でもある。

　高校生時代は、このように、生きることの意味は何かなど、人間としてのあり方や生き方を観念的に追究する一方で、就職や進学を控え、現実的な対応や具体的な進路の選択・決定が求められることになる。その結果、「理想を求めることに急で、とかく現実を否定する傾向も強まるため、不透明な未来にこの時期特有の様々な不安や悩みを抱え、中には、無気力傾向に陥ったり、非行に走ったりする生徒も見られる」(文部科学省「キャリア教育の手引き」2011年) ことがある。

　このような子どもたちが肯定的に自分の将来像を描くためには、たとえば「自己の得意分野と今後の自分」などの課題に取り組ませるのも有効である。子どもは、書くことによってモノゴトを客観的にとらえ、論理的にまとめることができ、教師は、記述の内容を通して子どもの内面を洞察することができる。

第3節　子どもの悪

　一般的に、「子どもの悪」の基準は、大人のものさしによって決まる場合が多い。たとえば、型にはめようとする教師の指導からはみ出た子どもは、「ダメ＝悪」と決めつけられて叱責を受けることがある。ここでは子ども本来の良さや好奇心・探究心が否定的にとらえられがちである。

　また、子どもはいじめなどによって、級友が命を絶つほど追い詰めてしまうこともある。人への優しさと残虐さを併せ持っているのである。また子どもは、自分をよく見せたり自分を守ったりするため、うそをつくこと

がある。この場合でも、教師は穏やかに対応し、教師や大人のものさしでうそと決めつけ、「悪である」と排除するのではなく、そうせざるを得ないその子の心情を考え、受け止めて、理解する必要がある。

さらに、子どもの悪は、子どもの成長・発達の過程に現れる課題であり、より良い成長への足がかりになるものであるというとらえ方で指導に当たる必要がある。

1　集団維持と子どもの悪

河合隼雄（1928-2007）は、「人間は、自分の存続のために何らかの集団をつくっており、その集団の否定を悪と感じる」（『子どもと悪』p.44）と述べている。集団の維持には、ある種の規範・規則・約束事が必要であり、これの否定、たとえば規則を破ること等が「悪」になる。

集団の秩序を維持するための大多数の規範は、慣習や大人の論理によって決められていることが多い。規範があれば、規範を守る「良い子」と規範を破ったり集団を逸脱したりする「悪い子」が出現する。

森田洋司は、「集団の規範から逸脱した行為や、仲間内の暗黙の合意から外れた行動を理由に発動されるいじめは、正義というパワー資源に依拠した正当性を持ち、集団内の制裁という色彩を帯びる」（『いじめとは何か』p.118）と指摘している。これを、子どもの悪に当てはめると、規律を守るから「良い」、乱すから「悪い」という単純な構図でとらえる危険性を述べていると考えられる。集団を維持しようとする「良い子の論理」の背景に隠されている危険性を察知する教師の洞察力が必要になる。

2　生育環境と子どもの悪

非行、対物・対人暴力など反社会的な問題を内に抱えている中学・高校生たちは、自分を含めたこの世のほとんどの人や事柄を否定的にとらえていることが少なくない。ときには、大人や学校に対して劣等感に裏づけられた被害者意識を持っていることもある。それが人間不信に結びつき、大人に刺激的に反応したり、集団の規範を自ら破壊したりする。このような

状態にある子どもを理解するには、他者への否定的な見方・考え方が、その子の成育のどの場面で、どのような内容と関連して生じたか、探ることが重要である。

子どもが今までに受けた暴力などの物理的被害やひぼう・中傷などの言葉による被害、いじめなどの心理的な被害など、過去の経験を聞くときは、子どもの語る事実が現在の子どもにどのように反映され、人格形成にどのような意味を持ったか、共感的に理解することが大切になる。

3 自己コントロールと悪

子どもは、年少の頃からときには親から、さらに、就学してからは学校での道徳・特別活動などを通して、人間としていかにあるべきか、どのように行動するべきか、行動規範や価値基準を学んできている。

しかし、理解はしていても、集団のルールを守らない、自己コントロールできず反社会的な問題行動をとる、などの課題が生じている。これらの行動を理解するためには、規範にかかわる学習・内面化・実践化の過程のどの段階に課題があるのか、把握する必要がある。特に、集団のルールを守ることや、集団の一員としていかにあるべきかにかかわる学習で理解した内容が、内面化の段階では子どもにどのように認識されているのか、把握することが重要である。また、第1節で述べた「子どものプライド」の視点は、欠くことのできない要件になる。他の子どもの手前、体裁を繕ったり強がりを言ったりするなど、気持ちとはうらはらの言動をする子どももいるからである。

子どもは本来、正義に憧れ、不正を憎む心情を持っている。子どもの悪には、時には毅然とした態度で臨むことが必要なケースもあるが、その場合でも、より深くその子どもを知る機会になると考え、子ども理解につなげていきたい。

第4節　子どもの仲間意識

　仲間集団は、子どもの社会性を養うなど人間形成に重要な役割を果たす。仲間意識を、仲間集団の構成員としてのかかわりにおいて生じる心情としてとらえることにする。

　藤井美保は、仲間集団の特徴を「選択性」「流動性」「対等性」にあると指摘している（『人間の発達と社会』p.61）。すなわち、仲間集団には、集団に参加する、しないの選択の自由があり、集団の構成員は固定されておらず（ただし、高学年女子に見られるように、限られた少人数のメンバーで仲間が固定され、他とのかかわりを持たないグループもある）仲間どうしは対等の関係であるというのである。仲間集団は、表面的には自由が担保されているように見えるが、これらの特徴が子どもの意識や行動を規制することがある。

　集団では結束を強めるため、構成員の行動を厳しく、しかもシビアに問うことが行われる。ときには、集団から排除されるなど、自分たちの決めた規則に従って制裁を受けることがあり、子どもは自己規制を働かせることになる。一人の子どもを理解するには、仲間集団を知る必要がある。

1　自己変革を促す仲間意識

　住田正樹は、「仲間が選択される契機は、内面的類似性によるということである。内面的類似性とは、能力、性格、態度、価値あるいは信念、または興味・関心といった、いわば人間の内面における類似性を指す」と述べている（『地域社会と教育』p.119）。

　似たような興味・関心を持って行動する子ども間では、言動まで似てくることがある。また、集団構成員間には、暗黙の了解の下で成立する約束事などが出てくる。子どもなりのある種の集団文化が形成される。この集団に属する子どもの仲間意識は強く、固い信頼の絆で結びついている。当然、結束力も強く、活動的である。子どもたちは、仲間を大事にし、親や

教師の言うことには耳を貸さなくても、仲間の意見には従うなどの現象が見られることが多い。

2 変化する遊びと仲間意識

集団の特徴である「流動性」と「対等性」が、子どもにもたらす負の面について述べていく。「流動性」は、たとえば、集団への参加の悪い子どもを集団から外すなど、仲間外しがある。ここでは、閉鎖的な仲間集団の側面が浮かび上がってくる。森田は「よく遊ぶ友達の間でいじめが起こっているケースが最も多い」(『いじめとは何か』p.90) と述べている。この指摘は、仲間集団が子どもたちにとって安住の場ではないことを裏づけている。絶えず仲間とつながっているか、確認しないと安心できない。メールのやり取りが頻繁に行われることにも表れている。

また、「対等性」は、他の構成員からの庇護や応援を想定していない。たとえ、トラブルが発生した場合でも、子どもは、一人で自己主張しながらトラブルの相手や周囲の説得等に当たることになる。しかし、最近は対等であるはずの仲間集団の中での「力関係」が問題にされることが多い。集団の中心にいる子どもと周辺にいる子どもとの「格差」の問題である。これは、仲間に指示したり命令したりする子どもと、それを受けて行動するだけの子どもに分かれることでもある。自らの意思が発揮できず、ストレスを募らせたり、仲間の中心にいる子どもの機嫌を取ろうとしたりする子どももいる。

したがって、「流動性」や「対等性」は、仲よしの集団に所属している子どもにとっても、仲間意識に緊張感をもたらす要因になる。実際、仲間とうまくいかず、悩み、苦しむ子どもがいる。このような場合、集団の持つ負の側面から子ども理解を深めていくことが必要になる。

他方、子ども集団の形成に必要な「三つの間(時間・空間・仲間)」の喪失が指摘されて久しい。これは、「遊ぶ時間がない。宅地化等で遊ぶ場が減少した。戸外で共に遊ぶ仲間がいない」ことを指したものである。

この結果、「群れ」の遊びが主流の時代から、ゲーム機が出現し、一人

または少人数での遊び、そして通信機器と連動した孤立型ゲームでの遊びへと遊びの内容や質も変化してきた。遊びの変化は、表面的にはつきあうが、他人と深くかかわりたくない、かかわることに意欲的でないという社会の動向と同じ方向にある。この傾向は、遊び集団にも子どもの仲間意識にも影響を及ぼすと考えられる。

まとめ〜子ども理解を深めるために〜

　子どもは、多面性を持っており、発達の仕方も多様である。子どもには、ケンカをする乱暴な面もあり、老人を世話する優しい面もあるように、一人の子どもにもさまざまな面があり、場面や状況によって見せる姿が異なる。どれだけ子どもを多面的に、しかも丸ごと理解することができるか、教師の力量が問われることになる。

　また、「おとなしい」「意欲がない」など、現象面だけでとらえることなく、現象面の分析や原因の追究・考察が必要である。例えば、学習意欲のない子どもについて習熟の程度を確かめるなど、「なぜ, この子はこうなのか」と掘り下げて考察することが必要であり、この考察によって「何をどのように指導すればよいか」という個に応じた方策が出てくる。

　本章では、子ども理解を深めるための第1として、肯定的な子ども観で、受容的・共感的に子どもをとらえ、接することの大切さを述べた。

　「子どもは常に『分かるようになりたい、友達と仲よくしたい、今の自分を変えたい』など自己の成長を願っている存在である」という子ども観に立つとともに、子どもが安心して自分をさらけ出せるような日常的な温かいかかわりを通して理解することが大切である。

　しかし、実際の指導の場面では、教師の肯定的人間観が裏切られることがある。その場合でも、「子どもは成長しつつある存在で、可能性の塊である」という認識を持って揺るがず、その視点から子どもの思いや願いを受け止め、理解を深めていくことが重要である。

　第2は、子ども理解を「子どもの側」に立って行うことを強調した。それは、たとえ逸脱した行動をとったとしても、その背景には逸脱せざるを

得ない子どもなりの理由があると考えるからである。その行動をとった子どもの気持ちを推し量り、共感しながら話を聞く姿勢が求められる。

　分かったつもりでも、子どもの全てを理解することは難しい。しかし、子どもは、分かってほしい、認めてほしいという強い願いを持っている。あらゆる方法を尽くし、理解しようとする努力を忘れないようにしたい。

【文献一覧】

　　小口忠彦編『新教育心理学基本用語辞典』明治図書出版、1982年

　　河合隼雄『子どもと悪』(今ここに生きる子ども) 岩波書店、1997年

　　辰野千壽編『学習指導用語事典〔第3版〕』教育出版、2009年

　　デューイ，J．(杉浦宏訳)『教育における興味と努力 (児童とカリキュラム)
　　　〔第5版〕』明治図書出版、1979年

　　住田正樹・高島秀樹・藤井美保『人間の発達と社会：教育社会学講義』福村
　　　出版、1999年

　　住田正樹『地域社会と教育：子どもの発達と地域社会』九州大学出版会、
　　　2001年

　　森田洋司『いじめとは何か：教室の問題、社会の問題』(中公新書) 中央公論
　　　新社、2010年

第10章 教職の独自性と専門性

開　仁志

はじめに

この章では、教職の独自性と専門性について明らかにする。

まず、第1節では、教職はどのような特徴があるのか、他の職業との比較を通して、その独自性を明らかにしていく。

第2節では、教職の専門性について、どのように考えられているのか、歴史的背景を基に明らかにしていく。

第3節では、今日、教職に求められている専門性について述べるとともに、教員免許状を取得するための教職課程とその履修方法などから、教職に求められる専門性について、明らかにしていく。

第1節　教職の独自性

1　教えるということ

人は、「教える」という行為を通して、さまざまな価値・知識・技術などあらゆる文化を伝えてきたと言えよう。それは、親から子へ、先輩から後輩へ、師匠から弟子へといったさまざまな形でなされていった。教えるという行為は、家庭、地域、社会のどの場面でも行われるごく自然な人間的な営みである。

このように、教えるといった行為は、どの人、あるいは職業であってもなされるありふれた行為である。その意味においては、教える人は全て広義の意味で、教師たりえると言える。

では、全ての人が、教職(「教師」と呼ばれる職業)に就いているのかというと、答えは否である。親は子育てを職業として行っているわけではない。また、他の職業では、教えることは、本業を円滑に行うための人材育成の意味において行われる。

「教職」の特徴は、なんといっても「教える」ことを生業(生計を立てる

ための職業）としていることである。まさに、教えることが本業であり、教えない教職などはあり得ない。一見何も教えていないように見えても、教師は存在するだけでも子どもに影響を与え、有形無形の形で子どもの学びにかかわっている。

2　公の性質

教職には、公の性質が求められる。前述したように「教師」は、広義の意味で、他人に知識や技術を教える者全てを表すが、「教員」（教育職員または教育公務員）と呼ばれるのは、近代的な学校において、社会的に教育を委託され、公的な資格を持ち、専門的に従事する職業人を意味する。

他の職業ではどうであろうか。たとえば、企業の教育係であれば営利を上げるための知識技術を教える力、塾講師であれば受験に合格するノウハウを教える力、スポーツ選手のコーチであれば競技における勝利に向けた技術を教える力が求められるであろう。もちろん、社会に対する責任という意味での公の性質は含まれるものの、その職業の目的に合わせた教育を行うといったことが中心となり、多分に私的な性質を持つ。

しかし、教員は公の性質を持つことから、教育は社会的に求められる人材像を目指して意図的・計画的に行われることとなる。さらに、教員も公の性質を持つ職業人としての資質能力が求められる。具体的には、法令・通知などを順守することが求められるのである。

3　教職の特徴

他の職業に比べて、教職にはどのような特徴があるのかをまとめると、以下のようになる。

（1）「教えられる者」から「教える者」へ

他の職業では、新人のときには、教育係の先輩などに教えてもらい、仕事を覚えることから始まる。ある程度教えられてから、少しずつ仕事を任されていくという流れが一般的であろう。また、ある程度経験を積み、自分の仕事ができるようになってからでないと教育係になることはできない。

しかし、教員は、採用当初から授業を任され、責任を持って子どもを教育することが求められる。クラス担任を任されることもあり、他の職業に比べ、新人の頃から即戦力が求められる傾向にある。「教えられる者」（学生）から、「教える者」（教師、先生）への変革がより早く求められることが特徴である。

（2）集団を相手にする

学校は、基本的には集団生活の中で学ぶ場である。したがって、教員も集団を相手にして教育を行う力が求められる。

他にも「先生」と呼ばれる仕事には「医師」「弁護士」などが挙げられる。しかし、基本的には、個人対個人の関係の中で成立する仕事であり、教員とは違いがある。

一人ひとり違った家庭背景、個性を持つ子どもたちを集団として成立させ、成長を促していくには、相当な力が必要とされるのである。

（3）豊かな人間性が求められる

教員には、他の職業に比べ、より豊かな人間性が求められる傾向にある。もちろん、教職は人とかかわる仕事であるため、当然求められる資質ではあるが、人とかかわる他の職業と比べても、より豊かな人間性が求められるのである。

たとえば、接客業も人とかかわる。しかし、基本的にはそのサービスを求める顧客のニーズに応えるためのかかわりである。接客マニュアルが成立するのも、そのニーズへの対応という意味において、パターン化し対応策を考えやすい面があるためである。

これに対して教員は、一律の教育マニュアルが成立しにくい面がある。多様な子どもを対象として、変化の激しい社会に合わせた教育内容を伝えるためには、より深い人間理解が必要であり、一人ひとりに合わせた柔軟な対応が求められるためである。

（4）子どもを相手にする

当たり前のようであるが、子どもを相手にする職業であることが、教職の最大の特徴である。他の職業では、基本的には大人を相手にする場合が

圧倒的に多い。子ども向けの製品の製造・販売を行う場合にも、購入者は大人である親であることから、どうしても大人の視点に立ってしまいがちである。

教職に就く者は子どもの視点を忘れてはいけないのである。子どもの権利条約では、「子どもの最善の利益」を掲げている。教員こそが、子どものことを第一に考えることができる存在であってほしいと願う。

第2節　教職観の歴史

1　古典的教職観

1872（明治5）年に「学制」が制定されて後、教員を養成する学校「師範学校」が設置された。そして、1886（明治19）年の「師範学校令」公布以降、そこでは、「順良（性格が従順で善良）」「信愛（信じ愛すること）」「威重（厳かで重々しいこと）」の三気質が教員に求められた。

戦前は、天皇制絶対主義国家の下、天（天皇）から与えられた「天職」「聖職」である職業という教職観が形成され、「教師聖職論」が支配的になった。

また戦前においては、教員になるためには、①師範学校、②大学、③専門学校、④文検という四つのルートがあった。

①師範学校は、中等教育機関の位置づけであり、教育内容（教材）や教授技術を中心とする実践的なカリキュラムが中心であった。しかし、徳目的方法を達成するため兵式体操の導入が試みられ、さらに、徐々に国家が軍事的色彩を帯びていくとともに、軍隊における服従の精神と規律ある行動を結びつける教育論が台頭し、後々の公教育に大きな影響を与えている。

②大学は、特別の教員養成プログラムはなく、唯一の高等教育機関として、教育内容や学識が重視され、教育方法や児童生徒理解は軽視され

るアカデミズムの教員養成観であった。
③専門学校は、正式の教員資格は与えられなかったが、専門的な知識を持つことから、商業学校や工業学校、農学校などの中等教育学校で教える者が少なくなかった。
④文検は、正式には「文部省師範学校中学校高等女学校教員検定試験」という名称であり、学校に行かずに教員免許が得られるものとして、大きな役割を果たした。

以上、教員養成は、師範学校に見られるように大部分が中等教育レベルで行われる一方、大学に見られるように教師としてふさわしい人格を兼ね備え、教授する学問に関する知識があれば誰でも教師になれるという認識があり、教職としての専門性はまだ明確には確立されていなかったことが分かる。

2　階級的教職観

戦後は、戦前の教職観の反省の下、教師も現代に生きる「労働者」であるとする「教師労働者論」が提唱された。「教師聖職論」では、国家に忠実であることを強く要求され、給与や労働条件などにかかわらず清廉潔白、清貧であることが求められたことからの脱却でもある。

この動きは、1947（昭和22）年に日本教職員組合が結成されるとともに強まり、労働運動、政治・平和運動を繰り広げていくことになる。

しかし、義務教育の延長、新制中学の発足、ベビーブームなどを経て、教員の大量採用時代が到来すると、先生にデモなろうか、先生にシカなれないという「デモ・シカ」先生が問題になり、教員の質が問われることになった。

3　近代的教職観

近代的教職観では、教育の技術や科学化を重視している。敗戦後、アメリカ教育使節団の報告書の中でこれらを重視するよう明記されたことから急速に広まっていった。このように、教師には専門的な知識や教授技術が

必要とする考え方を「教師専門職論」と呼ぶ。

　この考え方は、教員免許状制度にも反映され、教職の専門性重視という方向で制度化されていく。1966（昭和41）年のILO・ユネスコ共同勧告「教師の地位に関する勧告」でも、「教職は、専門職でなければならない」と位置づけがなされている。

　このように、教職に求められる専門性として、代表的な三つの教職観「聖職論」「労働者論」「専門職論」を紹介した。次節では、その考え方がどのように、戦後の教育改革と教員養成制度に位置づいていったかを明らかにしていく。

第3節　教員養成制度の確立

1　大学における教員養成と開放制免許制度

　戦後は、教員養成は大学レベルで行われるべきとされ、広い一般的な教養に支えられた専門教育という理念に沿って教育を行うとされた。これは、戦前の画一的な師範教育の反省から生まれたものである。

　戦後は、原則大学において、免許状を取得するのに必要とされる要件を満たせば、教育学部や教育大学のような教員養成を目的とする大学・学部でなくとも教員免許状を取得できるとする「開放制免許制度」が実施されることとなった。さまざまな専門の大学・学部で学んだことを基に、多様な人材が教員となることで、各教科の専門性と、教員の多様性を確保することがねらいである。しかし、一方で、教員の使命感の欠如などが問題となるにつれ、教員養成を目的とする大学・学部で教員免許状を出すべきという「目的養成」の声も大きくなってきている。

2　教育職員免許法

　教員免許状取得のために必要な基準については、教育職員免許法、同法

表●教育職員免許状の取得に必要な最低単位数

免許状の種類	所要資格	教科	教職	教科又は教職	特別支援教育	合計
幼稚園	専修	6	35	34		75
	一種	6	35	10		51
	二種	4	27			31
小学校	専修	8	41	34		83
	一種	8	41	10		59
	二種	4	31	2		37
中学校	専修	20	31	32		83
	一種	20	31	8		59
	二種	10	21	4		35
高等学校	専修	20	23	40		83
	一種	20	23	16		59
特別支援教育	専修				50	50
	一種				26	26
	二種				16	16

出典：教育職員免許法を基に筆者作成

施行規則に定められている。教育職員免許法は、1949（昭和24）年に制定され、その後改正が重ねられてきている。同法第1条では、「この法律は、教育職員の免許に関する基準を定め、教育職員の資質の保持と向上を図ることを目的とする」としている。教育職員免許法、同法施行規則の中身を見ることで、国の基準として教員に求められている専門性が明らかになってくる。

では、実際にどのような科目の単位を取得することが求められているのであろうか。大まかに分けると、教養科目と専門科目がある。

教養科目では、「日本国憲法」「体育」「外国語コミュニケーション」「情報機器の操作」（各2単位）の修得が求められている（教育職員免許法施行規則第66条の6）。

専門科目は、「教科に関する科目」と「教職に関する科目」「教科又は教職に関する科目」に分かれる。また、特別支援学校では、「特別支援教育に関する科目」の区分もある（**表**）。
　この「教科科目」と「教職科目」の単位の修得バランスにより、教員に求められる専門性の変遷を読み取ることができると言えるが、最近の流れとしては、「教職科目」が重視される傾向にある。これは、いじめ、体罰、不登校などさまざまな教育問題への対応が求められてきている影響が大きいであろう。
　また、教育職員免許法第3条で、「教育職員は、この法律により授与する各相当の免許状を有する者でなければならない」としている。つまり、教員には、教える校種別・教科別に求められる専門性があることが示されている。

3　教職に求められる専門性の方向

　1996（平成8）年、中央教育審議会が出した答申「21世紀を展望した我が国の教育の在り方について」では、教員の資質能力向上として「あらゆる教育の問題は教師の問題に帰着すると言われる」とし、「［生きる力］をはぐくむ学校教育を展開するための豊かな人間性と専門的な知識・技術や幅広い教養を基盤とする実践的な指導力を培うためには、教員の養成、採用、研修の各段階を通じ、施策の一層の充実を図っていく必要がある」としている。また、「教科指導や生徒指導、学級経営などの実践的指導力」や、「教員一人一人が子供の心を理解し、その悩みを受け止めようとする態度」「修士課程をより積極的に活用した養成」「教員の採用に当たっては、人物評価重視の方向」などについて言及している。
　これを受けて、教育職員養成審議会は、1997（平成9）年「新たな時代に向けた教員養成の改善方策について」を答申した。その中で、教員に求められている資質能力は次のようなものである。
（1）いつの時代も教員に求められる資質能力
　「専門的職業である『教職』に対する愛着、誇り、一体感に支えられた

知識、技能等の総体」といった意味内容を有するもので、「素質」とは区別され後天的に形成可能なもの。
(2) 今後特に教員に求められる具体的資質能力
・地球的視野に立って行動するための資質能力
・変化の時代を生きる社会人に求められる資質能力
・教員の職務から必然的に求められる資質能力
(3) 得意分野を持つ個性豊かな教員の必要性
　以上のような答申を踏まえ、1998（平成10）年、教育職員免許法が改正された。教職科目の増加（「教職の意義等に関する科目」「総合演習」）や、教育実習の単位の増加（中学校）、「情報機器の操作」「教育相談」の科目の新設などが主な内容である。

　その後も、2006（平成18）年の中央教育審議会答申「今後の教員養成・免許制度の在り方について」を受け、「教職実践演習」の新設がなされ、2010（平成22）年入学生より適用された。「教職実践演習」は、学生が身につけた資質能力が、教員として最小限必要な資質能力として有機的に統合され、形成されたかについて最終的に確認するものであり、何が課題であるのかを自覚し、必要に応じて不足している知識や技能等を補い、その定着を図ることにより、教職生活をより円滑にスタートできるようになることを目指している。同答申を受けた動きとしては、2008（平成20）年から「教職修士（専門職）」の単位認定が行われることとなった「教職大学院」の設置もある。

　また、1998（平成10）年入学生以降は、介護等体験（小学校及び中学校の教諭の普通免許状授与に係る教育職員免許法の特例等に関する法律）として、小・中学校の教諭の免許状を取得しようとする者は、特別支援学校で2日以上、社会福祉施設で5日以上、計7日以上の介護・交流等の体験を義務づけられた。さらに、2009（平成21）年から教員免許更新制が導入され、その時々で教員として必要な資質能力が保持されるよう、定期的に最新の知識技能を身につけることで、教員が自信と誇りを持って教壇に立ち、社会の尊敬と信頼を得ることを目指すとされた。

おわりに

　以上、教職の独自性と専門性について述べてきた。時代の変遷とともに教育のあり方が問われ、教職に求められる専門性も移り変わっていることが分かる。これまで述べてきたことの他にも、「省察実践者」「同僚性」「協働性」「開かれた学校づくり」などの専門性も挙げられるであろう。今後も、修士レベルでの教員養成が論議されるなど、大きな変遷が予想される。教職に求められる専門性には、「不易」（時代を超えて変わらない価値のあるもの）と「流行」（時代の変化とともに変えていく必要があるもの）があることを踏まえ、未来を担う子どもを育てる質の高い教員の養成がなされることを切に願っている。

【文献一覧】

　秋田喜代美・佐藤学編著『新しい時代の教職入門』（有斐閣アルマ）有斐閣、2006年

　新井保幸・江口勇治編著『教職論』（教職シリーズ1）培風館、2010年

　石村卓也『教職論：これから求められる教員の資質能力〔改訂版〕』昭和堂、2010年

　岩田康之・高野和子編『教職論』（教師教育テキストシリーズ2）学文社、2012年

　教職問題研究会編『教職論：教員を志すすべてのひとへ〔第2版〕』ミネルヴァ書房、2009年

第11章 省察的実践者としての教師

瀧川 淳

はじめに

「省察的実践者としての教師」とは、どのような専門性を兼ね備えた教師だろうか。

教師の専門性を教育学や心理学等に基づく科学的な原理や技術で規定するとする考え方でとらえることは難しい。というのは、教師としての職務そのものが、授業、学級経営、生徒指導等々、幅広くそれらが複合的に絡み合った場で遂行されるからである。授業だけを考えてみても、子どもたちに教えるためには、実に多岐にわたる知識や技術が要求される。しかし、単に知識を持っているだけではだめである。なぜなら、授業は不確実性や一回性を特徴に持つと言われるとおり、子どもたちと教師の相互作用で刻一刻と変化する場だからである。教師は、教育にかかわる理論的な知識や方法を基盤にした自らの実践知によって、このような場を認識し、解釈し、そして判断しながら現前の子どもたちの学びを支えていかなければならない。

この実践知は、暗黙知や経験知、「行為の中の知」と呼ばれることもあるが、実践を遂行するための身体化された知（embodied knowing）であり、教える経験を積み重ねることで形成され深められていくものである。テキストに載っているような学問体系に基づいた理論的な知識（knowledge）ではない。

教育実践を支える実践知が、教える経験の積み重ねによって形成されるということは、教師になっても成長し続けることを意味している。このことが一般的に認められているということは、たとえば、現職教員のためのさまざまな研修制度の存在や、大なり小なりの授業研究が各地で盛んに展開されていることからも明らかであろう。

このような教育実践の経験と省察によって実践知を形成し、それを向上させ続けている教師を「省察的実践者としての教師」と呼ぶ。本章では、「省察的実践者としての教師」に焦点を当てて、第1節は省察的実践の理論について概観し、第2節で教師が行う省察的実践の機能について、この

概念を提起したショーンの考えやそれを敷衍した教育研究を見る。そして第3節では、教師が省察的実践者として成長するための方法について概観する。

第1節　省察的実践とは

1　省察的実践者とは

　教育実践に限らず、省察的実践の考え方に基づいて実践を遂行する専門家を省察的実践者（Reflective Practitioner）という。

　省察的実践（Reflective Practice）は、組織学習研究で著名なショーン（Schön, Donald Alan　1930-1997）によって1980年代に提起された。なお、Reflective Practice の日本語訳は、省察的実践の他に反省的実践と訳されることも多い。

　ショーンは、さまざまな専門家の事例を考察することで、多くの専門家たちが、これまでに得た理論や技術、方法論を単に適用するだけではなく、状況と対話し、省察を重ねながら行為していることを主張し、このような専門家を省察的実践家と呼んだ。この概念は、近代以降主流とされてきた技術的熟達者としての専門家像に対して提起された新しい専門家像である。

2　技術的熟達者と「省察的実践者」

　ショーンは、「技術的合理性」（technical rationality）を原理とする技術的熟達者たちの活動が「科学的な理論と技術を厳密に適用する道具的な問題解決にある」（『専門家の知恵』p.19）と言う。技術的熟達者としての専門家たちは、それぞれの専門領域で確立された科学的な原理や技術を合理的に適応して問題を解決する。専門家としての力量は、これらの原理や技術を習得することにあると言える。

　しかしながら、ショーンは、現代社会の現象の特徴が「複雑性、不確実性、不安定さ、独自性、価値葛藤」（同上書、p.56）を持っているととらえ、

このような現代社会に生きる専門家は、実証的な科学が構築した理論や技術を適応するだけでは問題の解決を図ることは難しいと主張するのである。

では、専門家たちは、どのようにして問題を解決しているのだろうか。専門家たちは、現前の問題に対して確立された原理や方法論を合理的に適応するだけにとどまらない。それでは解決できない複雑な場において、「状況との対話を通して、状況や自らの知を省察し、問題の枠を設定し解決へと向かう」というのがショーンの主張である。そして、彼は、このような専門家たちを「省察的実践者」と呼んだ。これは、いうなれば技術的熟達者を超えた専門家の概念である。

省察的実践者が技術的熟達者と大きく異なる点は二つある。1点目は、専門家が持つべき知識を個々の専門家の内に求めたことである（理論を実践に適応するのではなく、「実践の理論化」という立場をとる）。2点目は、専門家は省察を通して生涯自らの実践知を向上させることのできる存在だということである。

ショーンが提起したこの概念は、文脈依存的で、さまざまな価値がぶつかり合う教育現場という不確実な場で、複合的な理論や技術を統合的に活用しなければ解決することができない教師の専門性と、その成長の可能性を十分に主張できる概念として、教育研究者と教師たちの絶大な支持を獲得した。

3 「行為の中の知」

省察的実践を理解するうえで重要な鍵となる概念が「行為の中の知（knowing in action）」と「行為の中の省察（reflection in action）」である。

「行為の中の知」は、実践の経験と省察・反省を通して形成される実践知で、身体化されており言語化を特に必要としない。これはポランニー（Polanyi, Michael 1891-1976）が提唱した暗黙知（身体に根ざしていて、状況に応じて無自覚に機能する知）のようなものである。「行為の中の知」は行為や認知、それに判断を担うが、それは直感や本能、さらには運動神経と同じ知性の一形態であるとショーンは述べる。もちろん単なる直感や本能

ではなく、「行為の中の知」は、暗黙の規範を通して機能し、無意識のうちに学習する可能性を持っている。またそれは一種のノウハウであり、実践者が属する共同体に共有された社会的・制度的な文脈に埋め込まれたものである。つまり「行為の中の知」は、「日常活動のパフォーマンスに埋め込まれて暗黙に保持され、行動によって発現する暗黙知」(『教育心理学キーワード』p.272)である。また同じ専門領域に生きる人たち(たとえば、教師集団)の間で共有可能な領域固有性を持ち、発展する可能性を持った知である。

　省察的実践者としての教師は、自分が持つ「行為の中の知」によって授業実践を遂行している。しかし、ときには予測や計画の枠内を超えて不測の事態(ショーンは「出来事(event)」と呼んだ)に出会うこともあるだろう。出来事に出会った実践者は驚き、「行為の中の省察」を発現する。

4　「行為の中の省察」

　「行為の中の省察(reflection in action)」は、「状況と対話しながら瞬時に思考し行動することで、必ずしも言語の媒介は必要ない」(同上書、p.272)。ショーンは事後に反省する「行為についての省察(reflection on action)」についても触れているが、「行為の中の省察」が重要なのは、それが行為に対して即時的な意義を持っているからである。「行為の中の省察」が担っている役割は二つある。一つは状況の理解であり、もう一つは「行為の中の知」の再構築である。「行為の中の知」の再構築とは、実践者のレパートリーを増やし、無意識にできる行為を拡大することである。つまり、状況に対するより広い視野は、状況と向き合うこと(ショーンの言うところの「状況との対話(conversation with situation)」)で働く「行為の中の知」と「行為の中の省察」の往復運動によって獲得される。

　省察的実践者たちは、自らの「行為の中の知」によって刻一刻と変化する状況を認識し、問題の枠を組み立てている。しかし「出来事」に出会ったときには、「行為の中の省察」を行い、状況を見つめ直し、問題の枠を再構成する。つまり、不断の「状況との対話」において働く「行為の中の

省察」を通して、文脈に即した問題の理解と解決が、らせん的に発展し問題が解決されている。さらに「行為の中の省察」は「行為の中の知」を再構築する働きを持っている。そして新たに再構築された「行為の中の知」は、さらなる「行為の中の省察」を導く。このように、相互に機能し合うことで、「行為の中の知」と「行為の中の省察」は深められ、省察的実践者として熟達していく。

次に、教師に焦点を当てて、「行為の中の知」や「行為の中の省察」の内容や機能を見ることで、省察的実践者としての教師像に迫ろう。

第2節 省察的実践者としての教師

1 教師が持つ実践知 〜教師の「行為の中の知」〜

ショーンは、専門家の内にあって暗黙的に行為を支えている「行為の中の知」の存在を明らかにした。教育という実践領域では、これは教師が持つ実践知と言うことができよう。それでは、教師の実践知はどのようなものだろうか。

教師の実践知とは、教師一人ひとりの身体に埋め込まれた主観的な知やノウハウのことで、実践的知識、「行為の中の知」、暗黙知、手続き的知識とも呼ばれ、特に言語化を必要とせず行為そのものとして表現される。

教師の持つ実践知は、教えることに関するさまざまな領域の知識や方法などが複合的に統合して形成されると考えられる。教育に関するさまざまな理論的知識を基盤に、教育経験を通して培われた教師の実践知を、教育心理学者のショーマン（Shulman, Lee 1938-）は「授業を想定した教材知識（pedagogical content knowledge）」と呼んでいる。「授業を想定した教材知識」は、教師が授業実践を行うために必要な知で、「教育内容」「学習者についての知識」「教授法」が複合化した知である。これらは大学等の教職課程でもそれぞれの学問体系に沿って個別に学ぶことができるが、「授業

図●授業についての教師の教授知識

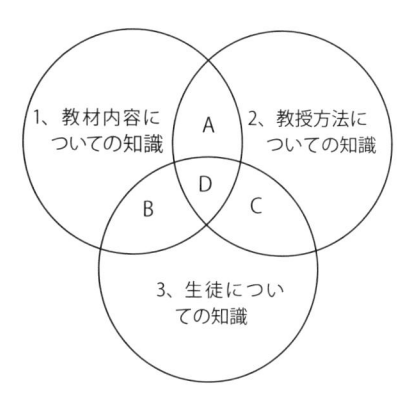

```
     1、教材内容に         2、教授方法に
     ついての知識    A    ついての知識
                    D
                 B     C

          3、生徒につい
             ての知識
```

出典：『デザイナーとしての教師…』

を想定した教材知識」が特徴的なのは、それらの知識が統合されて身体化した知として教師の認識や判断を支え、また行為となって表れるということである。そしてこれは実際の教育経験の省察を通して学ぶ種類の知である。

　吉崎静夫（1950-）もまた教師の実践知を上の**図**のようにまとめている。吉崎は、教師の実践知が「教材内容についての知識」「教授方法についての知識」「生徒についての知識」の三つの知識領域と、それらが重なり合ってできる四つの知識領域とを合わせて七つの知識領域が複合的知識として機能していると主張する。そして七つの中で特に重要なのが、複合的に重なり合ってできる四つの知識領域（A～D）で、これは授業実践を通して獲得されるものだとする。

2　教師が行為の最中に行う省察 〜「行為の中の省察」〜

　教師の成長にとって重要なのが、自らの経験を反省することである。また授業の実践に重要なのが、出来事に出会ったときに臨機応変な対応を促す省察である。ショーンは前者を「行為についての省察」、そして後者を「行為の中の省察」と呼び、後者を省察的実践概念の中心に据えた。

　ショーンの考えでは、たとえば、授業がスムーズに展開しているときに

は教師は自らの実践知（「行為の中の知」）によって進行している。しかし、ひとたび計画や思惑とは異なる出来事が生じて教師が驚いたとき、「行為の中の省察」が発現するのである。このとき教師の行為が中断することはない（この種の省察が立ち止まって考えるストップ・アンド・シンクではないことをショーンは繰り返し主張する）。これは行為の最中に瞬時に生じては消える一瞬の思考で、たいていは言語の媒介を必要としないため、特に教師もそれに無自覚的である。

「行為の中の省察」が担っている役割は二つある。一つは、状況の理解と再構築である。子どもとの相互作用で予期しなかった出来事に出会った教師は、省察によって状況の理解に努め、新しい問題の枠組みを設定し、実践をよりよい方向へと導こうとする。ショーンは、このことを「子どもに理を与えること（give kids reason）」と言った。彼は、「子どもに理を与えること」は「子どもが持っている知識の見方、子どもの学びの視点、子どもの教える視点に関連している」と述べている。つまり、現前にいる子どもとの対話（これも「状況との対話」の一種であろう）を通して、子どもが教師の行為をどうとらえたのかという子どもの認識を新たにし、そこから問題の枠組みを再構築するのである。

もう一つの役割は、教師が持つ実践知の再構築である。ここで言う実践知の再構築とは、無意識にできる範囲を拡大するということである。つまり、状況に対するより広い視野（実践知で解決可能な教授レパートリーの拡大や子ども理解）は、状況と向き合うことで働く実践知と「行為の中の省察」の往復運動によって獲得されるのである。

3 【事例】「行為の中の省察」を見せた教師

筆者自身が観察した事例で、教師の「行為の中の省察」が生まれた場面を見てみよう。

小学校で音楽科教員をしているF先生は、当時教職歴が10年を超え、音楽づくりの授業を中心に研究を重ねて、この領域では多くの研究会で講師を務めてきた経験を持っている。これは小学5年生の音楽の導入で行われ

た音楽ゲームの事例である(「音楽教師の行為を解釈するための方法」を一部修正)。

　　子どもたちは、向かい合う形で円になっていすに座り、教師もその輪の中にいる。授業の導入は、教師の手拍子に合わせる、手拍子を順番に回す、目を閉じたまま手拍子を回すといった音楽ゲームから始まる。
　　次に教師は、きれいに響いた声を出し、それを子どもたちにまねさせる。そして教師は、自分の身体を左隣のA君に向け、きれいに響いた声で「ウー」と歌い、「それ(同じ響き同じ音程)を短い音で(時計回りに)回して」と指示して声回しをスタートさせる。しかし、2人目のB君の声が裏返ってしまう。その瞬間、その場に緊張が走るが、B君の「あっ！」という驚きの声で、教室全体が笑いに包まれ、友達の出す音に集中した空気が和らぎ、クラスが和気藹々とした雰囲気になる。
　　<u>教師も子どもたちと楽しそうにしながら「今の面白かったから」と言って、違う音程でもいいから面白い声を回そうと、B君の失敗を取り入れたルールを提案する</u>。教師は、仕切り直すように子どもたちを集中させて、新たなルールの声回しを行う。子どもたちは面白い声が出るたびに笑いながらも声を一周させる。そしてその後、教師はもう一度最初の声回しをやろうと提案する。反時計回りで行われた声回しは、和やかな雰囲気の中、B君も含めて全員が教師の声をまねることができるようになっていた(下線筆者)。

　F先生はこれまでの豊富な教育経験から音楽ゲームのレパートリーや方法論、それの組み合わせ方や、組み合わせによって得られる効果について、自身の実践知として持ち合わせている。またその他にも、現前の子どもについての理解や、音楽的・教育的な学びの目標、そしてそれを達成するための指導方法なども、この教師の実践知に含まれている。
　さて、この事例でF先生はB君の声が裏返るというハプニング(出来事)に出会い、その失敗を正すことなく、逆にルールに取り入れてテンポ良く活動を展開するという方法を選択している(下線部分)。この場面は、

第11章●省察的実践者としての教師

まさに教師の思惑や計画を裏切った出来事であり驚きであった。そして、このように想定した教室の状況と異なる状況が生まれたときに、教師の「行為の中の省察」が生じ「新たな活動」が展開された。その間、教師が次の展開を考えるために活動が止まるということはなく、教師は子どもたちと楽しそうにコミュニケーションを図っていた。この事例では、教師の「行為の中の省察」によって、一見回り道ともとれる活動の挿入（指導の再構成）がなされた結果、B君の失敗が必要以上に表出されることなく、教室全体の雰囲気を和んだものにすることができ、さらにはその雰囲気を維持しながら、B君は最初の課題をクリアすることができた。

　本事例は、F先生が状況との対話を怠ることなく、活動そのものや、自らの実践知に対して「行為の中の省察」を行った結果、一つの失敗という出来事が、教室全体の豊かな学びへと転換された省察的実践による授業だと言える。

4　教師が行う省察の種類

　授業の遂行において、教師の実践知と「行為の中の省察」が重要であることは言うまでもない。しかし、実践を通して教師が成長するためには、その他の種類の省察も重要である。ショーン自身も、教師が自らの行為を振り返る「行為についての省察」の必要性を認めている。

　ヴァン＝マーネン（Van Manen , Max　1942-）は、経験から学習するための省察が二つの方向で働いているとする。一つは「振り返り的省察」である。たとえば、教師が「実践経験をした後で、その経験を吟味・解釈して、洞察や教訓を得ること」（『「学び」の認知科学事典』p.259）である。もう一つは「見通し的省察」である。これはその後の実践の可能性について考えを深めていくための省察である。

　さらにヴァン＝マーネンは、省察には三つのレベルがあることを指摘している。それらは「技術的省察」「実践的省察」「批判的省察」である。技術的省察は、目的を達成するために、手段が効率的で有効かどうかに焦点を当てる省察であり、実践的省察は、教育の目的それ自体を再検討するた

めの省察を意味している。そして、批判的省察とは、実践の道徳的・倫理的・社会的公正さについて熟考するための省察である。

省察的実践者としての教師として成長するためには、単に「行為の中の省察」を行うだけではなく、自らの教育経験をさまざまな視点から省察し、その後の教育経験の可能性を考え深めていく努力が必要なのである。

第3節 省察的実践者としての成長

1 教師が省察的実践者として成長するには

教師は、経験とその省察を積み重ねることで熟練教師として成長する。熟練教師へと成長することを熟達化と呼ぶが、それの特徴は主に三つにまとめることができる。1点目は、領域固有の知を持っているということ。たとえば、小学校の音楽科教員は担当教科の指導や教材観については熟達しているが、校種が異なると戸惑いを覚えるということは容易に想像できるだろう。2点目は、行為が自動化されているということ。つまり、暗黙裏に働く実践知の幅が広く、その結果、現前の事象に対して広い視野を持っているということである。3点目は、記憶力に優れているということ。熟練教師は授業の事象を正確に記憶し、また記憶したさまざまな情報を有意味なまとまりでもってとらえている。これら三つの特徴は、省察的実践者としての教師が持っている実践知の特徴とも言える。

また熟達は、定型的熟達と適応的熟達に分けることができる。前者は習得したことを素早く正確にできるようになることであり、後者は、その中で自らの方法を生み出したり創意工夫を重ねることができるようになることである。これは現前の状況下において状況に理を与える「行為の中の省察」の機能と重なる。この意味において、省察的実践者としての教師の成長は、教育の場における高度に専門的な力量を兼ね備えた適応的熟達者になることだと言えるだろう。

2 省察的実践者を育成する「省察的実習」

　ショーンは、省察的実践の概念を提起するにとどまらず、省察的実践者の教育についても言及し（その主著が『省察的実践者を教育する』1987だが、残念ながら邦訳はまだない）、その育成にも力を注いだ。ショーンが提案したのは、省察的実習（reflective practicum）である。これはそれぞれの専門領域で、省察的実践の中核である「省察」の方法を学ぶ実習である。その特徴は、「なすことによって学ぶ（learning by doing）」ことと、それを「コーチすること」にある。この実習では、「日常の世界と実践の世界のはざまに、実践を学ぶためにデザインされた状況が準備される」（『専門家の知恵』p.218）。つまり、教師であれば、カリキュラムや授業、児童生徒の学習といった事例の中に自らの身を置き、そしてその事例から学ぶのである。また、学生とコーチが「状況との省察的対話」を展開することで、学生は「省察」することを学ぶ。

　ショーンはコーチのあり方として「俺についてこいタイプ（follow me）」「いっしょにやっていこうタイプ（joint experimentation）」「映し出す鏡になるタイプ（hall of mirrors）」の3タイプを示しているが、最初の二つのタイプにおいてもコーチは「映し出す鏡になるタイプ」として学生の鏡になることが大切だと述べている。というのは、コーチが学生の鏡となることで、学生はコーチを通して状況や自身についての省察を行うことが可能だからである。

　教育の場における省察的実習の可能性は、教育実習や教員研修、研究授業等が考えられるが、その意義は、実際の教育現場ないしそれに似た状況の中で、実習を通して、学生や新任教師が実践知を学び、さらにコーチである熟練教師とともに、その実践知の吟味と改善を行う「省察」を学ぶことにある。

3 リフレクティブな授業研究

　藤岡完治（1945-2003）は、省察的実践に焦点を当てたリフレクティブ

（省察的）な授業研究の必要性を説いているが、その特徴は四つある。すなわち、①子どもの事実に焦点化する、②授業者の願いや意図を中心に据える、③コミュニケーションを促進する、④アクションリサーチ（教師自らが研究者となって問題を発見し、その解決策を探り、その解決策を実行し、その結果を評価しながら授業を改善していく方法）である。

そしてこの授業研究を通して得ることのできる教師の経験は、子どもが見えること（つまり「子どもに理を与えること」）、教師自らの枠組みに気づくこと、そして実践知を獲得すること、である。これはまさに省察的実践者としての教師の育成を目指した授業研究のあり方の一つと言える。

省察的実践者としての教師として適応的熟達するためには、以上の4点を踏まえた授業研究を授業者（実習者）と観察者、研究者たちが対等な立場で、アクションリサーチの方法によって遂行されなければならないだろう。そこで重要となるのは、ショーンが指摘したコーチのあり方や、同僚性（教育に対して共通の展望を持って共に仕事に従事する関係）のあり方である。

おわりに

省察的実践者としての教師が展開する省察的な授業において重要なことは、それが教師の成長のためだけにあるのではなく、その中に生きる教師と子どもたちによって、予定調和的にではなく、相互主体的に探究し合うことで教師も子どもも豊かな学びを獲得するということである。

省察的実践者としての教師という考えは決して新しいものではない。多くの教師たちが、これまでも自らの実践知によって子どもたちの学びを支えてきた。また自らの実践を省察しながらすばらしい教師として成長してきた。このような教師は全て省察的実践者と言えるだろう。しかし教師たちの実践知の内容やさまざまな省察は、これまで非常にローカルな場で語り伝えられてきた。

省察的実践の概念は、このローカルに語られてきたものをより多くの教師たちと共有できる可能性を秘めている。

【文献一覧】

浅田匡・生田孝至・藤岡完治編著『成長する教師：教師学への誘い』金子書房、1998年

梶田正巳編『授業の知：学校と大学の教育革新』(有斐閣選書) 有斐閣、2004年

金井壽宏・楠見孝編『実践知：エキスパートの知性』有斐閣、2012年

佐伯胖監修・渡部信一編『「学び」の認知科学事典』大修館書店、2010年

佐藤学『教師というアポリア：反省的実践へ』世織書房、1997年

ショーン, D. A. (佐藤学・秋田喜代美訳)『専門家の知恵：反省的実践家は行為しながら考える』ゆみる出版、2001年（注：原書の第二章と第十章前半の訳）

ショーン, D. A. (柳沢昌一・三輪建二監訳)『省察的実践とは何か：プロフェッショナルの行為と思考』鳳書房、2007年

Schön, D.A., *Educating the Reflective Practitioner: Toward a New Design for Teaching and Learning in the Professions,* Jossey-Bass Inc., 1987

瀧川淳「音楽教師の行為を解釈するための方法：反省的実践の概念を援用して」東京藝術大学音楽教育研究室『音楽教育研究ジャーナル』第26号、2006年、pp.12-22

藤澤伸介『「反省的実践家」としての教師の学習指導力の形成過程』風間書房、2004年

森敏昭・秋田喜代美編『教育心理学キーワード』(有斐閣双書) 有斐閣、2006年

吉崎静夫『デザイナーとしての教師　アクターとしての教師』（子どもの発達と教育10) 金子書房、1997年

第12章

教室という作業コミュニティ
～子どもの未来を開くアトリエ～

小山惠美子

はじめに

　教室は、子どもたちが「共同体」として学ぶ場である。「個人」で学ぶ場も家庭や地域社会には存在する。そこでの学びも、もちろん重要な意味を持つ場合があろう。しかし、学校には学校でしかできない学びがある。それは何かを追究し続けることが、教師にとっての学びであると言っても過言ではない。教育の世界でも、「共同体」を「コミュニティ」と表現することがある。教室は、子どもたちにとってどのような「コミュニティ」であるべきなのか。その「コミュニティ」は、どのような子どもたちの未来につながるものであるのか。

　ここでは、子どもたちにとっての教室における学びの持つ意味について再検討してみることとする。

第1節　教室という「コミュニティ」

　「コミュニティ」（community）とは、そもそも「地域性」や「共同性」を特性とする人々の集団を表す社会学における用語である。この言葉がどのような意味を持つのか、簡単に概略を述べてみたい。

　マッキーヴァー（MacIver, Robert Morrison　1882-1970）は、「コミュニティ」と「アソシエーション」とを以下のように区分している。

- コミュニティ：「地域性」に基づいて、人々の共同生活が営まれる生活圏（村落、都市、国民社会など）
- アソシエーション（association）：「コミュニティ」内部において、一定の目的のために意図的に作られた集団（家族、教会、労働組合、国家など）

　マッキーヴァーによれば、「アソシエーション」は、「コミュニティ」の中に存在するものであり、双方は対立するものではなく、補完し合う関係にあるものとして位置づけられている。

　また、パーク（Park, Robert E.　1864-1944）は、人間の生きる世界を以下の

ような二つに区分している。
- コミュニティ：一定の地域において、動植物と同じように、共生している人々の集合
- ソサイエティ（society）：生物的競争が衰退し、生存競争がより高度の、より昇華した形態となった地域

　パークによれば、「ソサイエティ」は、コミュニケーションによって作られるものであり、「コミュニティ」は「ソサイエティ」を作り出す成立基盤であるとしている。このように見てみると、「コミュニティ」とは、集団が「アソシエーション」や「ソサイエティ」として成長していく基となるものであり、共通の目的を持った小集団を抱え持つものであり、コミュニケーションを媒介として、より社会的な集団へ進化し発展していくものであると規定できよう。まさに、学校や教室という集団は、これからさまざまな目的を生み出し、教師や子どもたちのコミュニケーションに支えられながら習慣や文化を創り出していく集団なのである。

第2節　学びとしての「コミュニティ」の歴史

　学びの場は、もともと「コミュニティ」であったのだろうか。かつて子どもは、どこでどのように学んだのか。

　「コミュニティ」としての代表的な学びの場であり、しかもそこに庶民の参加が可能となったのは、日本においては「寺子屋」であろう。「寺子」は、もともと平安後期に寺に入って学ぶ子どものことを指した。はじめは貴族・武士の子どもに限られていたが、室町期には庶民にまで広がり、さらに江戸時代の中期以降、町人や農民の子どもにも読み書きを学ぶ必要性が生じたことから急激に普及したといわれている。当時の絵図などには、一人の師匠が複数の子どもを一つの空間（部屋）で指導する様子が描かれている。姿勢を正して真剣に教えを乞う者、隣をのぞき込む者、立ち歩く者、伸びをする者など、ほほえましい空間であった様子が見てとれる。年

齢も学ぶ目的もさまざまな子どもたちがいっしょに学ぶ寺子屋は、わが国における「コミュニティ」としての教室の原初的な形として位置づけられよう。

　それとは別に、「家」の教育というものも存在していた。厳しい身分制度の下、武家の子は武士らしく、町家の子は町人らしく、農家の子は農民らしく、それぞれの特徴を持った人格の形成が目指された。

　たとえば、農村社会においては、ほぼ7歳になると家の農作業を手伝うことを通して、農民としての教育を受けた。と同時に、各農村の子どもに対してはその共同体（コミュニティ）の成員になるための2段階の教育も存在していた。「子ども組」「若者組」と呼ばれた自治的な異年齢集団であるが、その集団の中で子どもたちは村の祭礼や年中行事、日常的な遊びを共同体験しながら、村という共同体の中で生きていくための基礎的な人間形成を営むこととなった。

　また、商人社会の徒弟制度である、「丁稚奉公制度」も職業共同体としての教育であった。江戸時代、10歳前後で店に雇い入れられた子どもは、最初の段階では丁稚と呼ばれ、使い走りなどの雑務に明け暮れる生活の中で、辛抱強さや誠実さなどの奉公人としての基本を学んだ。15歳頃までにようやく「半人前」として認められると、さらに見習いや手代などへと昇進していくことができるというしくみになっていた。

　これらの学びは、単に知識や技能を身につければよいというのではなく、言葉をかえていえば、職業的な知識・技能の習得を目指した職業教育ではなく、その社会で「一人前」となって生きていくための生活態度や行動様式などの人間形成を重視した、共同体における全人教育であった。しかも、家庭という閉ざされた環境でのみ行われるものでもなかった。ここからは、人は何のために学ぶのかということが、象徴的に見いだせよう。学ぶ目的は、生きるために他ならない。もっと言えば、社会の一員として生きていくために、人は学んだのだ。身につける知識や技能は限られたものであったかもしれない。

　しかし、どの子どもも必要感を持って学んだのではないだろうか。もっ

と前の先史時代を想像してみよう。恐らく、食料に関する知識、獲物の捕り方、敵からの身の守り方、けがの手当ての仕方など、生きていくための知恵を親や共同体の先達から学んだのであろう。「人は、生きていくために学ぶ」ということは、人類の歴史が誕生して以来変わらない、学ぶことの第一義的な目的であることは間違いない。過去においても、多様な意味での「コミュニティ」が存在していたのだととらえられる。

第3節　現代における「コミュニティ」としての学び

　学校は、近代に入って制度としての学校になった。1872（明治5）年、「学制」発布に当たり、学校を設けるのは「身を修め智を開き才芸を長ずる」ためであると述べている。つまり、近代の学校制度においては、欧米の生活や風俗を知り、教育によって視野を世界にまで広げていくことが国家として目指されるように大きく変わっていったのである。それ以前の子どもたちは、必要なことを、必要だから学んだであろうし、学校（寺子屋や私塾など）は、学びたいから行く場所だったのであろう。しかし、学校が制度として成立すると、学校はしだいに「学ぶために行くところ」から「学ばなければいけない場所」に変わっていったということも一方では言えるのではないだろうか。

　このような近代学校制度における問題は、わが国に限ったことではなく、世界的な問題でもあった。子どもにとっての学習の問題に一石を投じた教育学者の一人が、デューイ（Dewey, John　1859-1952）である。

　里見実は、デューイの理論は、活動や経験を限りなく重視したが、単に活動や経験をさせることを重視したのではなく、その活動に適切な背景やコンテクスト（前後関係や背景）を与えることを重視したのだと言っている。さらに、「何かの活動をたんにやっていればよいというのではなく、また技術的に上達すればよいというのでもなく、自分のやっているそのことが、自分自身によって豊かに意味づけられていることが重要」であると

する。デューイによれば、学校で行うさまざまな活動は「意味を拡張するための道具」であるとも述べている（『学校でこそできることとは、なんだろうか』p.195）。自分にとって意味のある学習をすること、学習していることの意味を、学習をしながら見いだすこと…。デューイら、いわゆる経験主義を唱えた人たちは、子どもにとって学習とは何かということを、近代化された学校の問題点を指摘しながら問い直そうとしていたのである。

しかし、わが国に紹介されたデューイらの理論は、十分に受容されずに、学力低下の批判を受け、現代に至っている。教室がどのような「コミュニティ」としてあるべきかを問うときに、学ぶ側の視点に立つことは非常に重要なことなのであるが、制度としての教育は、ともすれば意図的・計画的・体系的な教育を目指そうとする。そのことの問題について、もう一度問い直してみる必要があるのではないだろうか。次に、実際の教室の事例を基に検討してみたい。

第4節　問題解決型の「コミュニティ」としての教室

1　「生活科」はいかなる学習か

ある小学校で生活科の研究授業を参観する機会があった。学習の主な目的は、2年生の子どもたちが、地域のお店や施設を尋ねてインタビューをしてくるというものであり、この学習は、そうした活動を通して地域と親しみ、地域に支えられている実感を持てるようにするところに意味のある学習として位置づけられていた。

授業が始まると、子どもたちは、班に分かれてインタビューの練習を始めた。各班に支援員として保護者が1名ずつ付き、インタビューの内容や順番、挨拶の仕方、質問の仕方などを、次回の訪問に備えて練習するのである。友達の様子もよく見ていて、お互いに、「声が大きくて良かったよ」とか、「相手の目を見て話したほうがいいね」などのように言葉を掛

ける場面も見られた。すなおに学ぶ子どもたちの姿がほほえましかった半面、違和感もあった。これは、子どもたちにとって必要感のある学習になっていたのかと。

　もし、こうしたらどうだっただろうか。子どもたちが行きたい場所に分かれてグループを組み、まずは訪問をする。インタビューをしたい子は、そこでインタビューをしてもよい。付き添いの教員や支援員はその様子をつぶさに観察し、よくできたことと問題点を把握しておく。お店や施設には、事前に特別な指導はしていないこと、そのため失礼なものの言い方や態度もあるかもしれないこと、それを基に子どもたちにもう一度行きたい、上手にインタビューしたいという目的を持たせるところに学習の意図があることを伝えておく。そして、子どもたちに「出かけて行ってどうだった？」と聞いてみるのである。その結果、「楽しかった/聞きたいことがあったけど恥ずかしくて聞けなかった/最後にお礼を言うのを忘れた/何を聞いていいのかわからなかった/買い物もしてみたかった」などのさまざまな気づきが生まれるであろう。その後、様子を見ていた教師や支援員とで、各班に応じた学び合いが展開されるのではないだろうか。そうした過程を経て初めて、子どもたちから「学校で練習したい」という気持ちが生まれる学びとなるはずである。

　生活科のある教科書には、「まほうのことば」として挨拶や気持ちを表す言葉（こんにちは、ありがとうなど）、相手に言葉を掛ける際の礼儀（いま、お話してもいいですか、失礼しますなど）が絵と言葉で分かりやすく示されている。指導する側は、ついこれを使って事前に指導をしようとする。しかし、これは、子どもが「どんな言葉で話しかけたらいいのだろう」と疑問をもったときに、「参考にしてみよう」と示してあげる頁なのではないかととらえる。生活科が教科になって教科書ができた。そのことの問題点とも言えるが、教科書に必要なページではあっても、教師がそれをどう生かすかによって、学習は大きく意味を変えてしまうのだという一つの事例であると言ってよい。

2　問題解決的な学習の事例

　子どもの学びにとって必要なのは、「どうしたらいいのだろう」といったような問題解決場面である。小さな問題でよい。その小さな問題を自分たちで解決することの積み重ねが、「生きる力」につながっていく。デューイらが提唱した理論と実践は、まさにそのことの重要性をとらえていたのである。現代に生きる問題解決型の学習はいくつか紹介されているが、その事例を一つ取り上げてみよう。「プロジェクト活動」の事例として報告されている山梨学院大学附属小学校の学習である。その概略を以下に示す。

　　　理科の授業で、子どもたちはグループに分かれて2色の層から成る水溶液を作る「レインボーカクテルを作る」という課題と取り組んでいる。教師の用意した砂糖や食塩を用いて色水を作って混ぜるが、2色が混ざり合ってしまい、なかなかうまくいかない。子どもたちがしばらく失敗と落胆を繰り返した後、教師がそろそろ限界かと思い、「じゃあ、ヒントを教えるよ」と声を掛ける。すると、「先生、もう少し黙ってて！」「せっかく考えているのに！　つまらなくなる！」と、逆に指導を遮られてしまう。
　　　その後、教室の中は、ごちゃごちゃとした話し合いの輪ができては離れ、どんどん騒がしくなっていく。と、突然、ある子どもが「水と油が分かれるのはどうして？」といったことをつぶやく。すると、「重いものは下に沈む」「水の重さを変えればいい」「砂糖や食塩の量を変えて色水を作って混ぜればいい」といったことに子どもたち自ら気づき、その発見を共有して「レインボーカクテル」は出来上がった（『プロジェクト活動』pp.1-3）。

　問題解決型、探究型の学習は、現在では「総合的な学習の時間」に位置づけられている。しかし、このような学習は、以前から「プロジェクト・メソッド」（アメリカの教育哲学者キルパトリックの提唱した授業形態。デューイの理論を具体化したものとされている）として実践されていた。学

習課題である「水を2層に分けてみる」は、子どもたちにとっては最初簡単にできそうな、問題解決には当たらない課題だったのかもしれない。しかし、それが意外に困難だったこと、友達といっしょに取り組む場があったことで、解決すべき学習の課題となった。

また、子どもたちは「レインボーカクテル」といった言葉の響きに興味を持ったのかもしれない（「色水」だったらどうだったであろうか）。2色に分けるというのは、きれいだろうし、面白そうだから取り組み始めたが、最初はうまくいかなかった。ここであきらめてしまう方向も予測されただろうが、砂糖と食塩で可能であるということや、水と油は分かれるなどのいくつかのヒントに、生活の中から子どもたち自らが気づくことができるのではないかという教師の読み（それを「教材研究」と呼ぶ）が、子どもたちと共鳴した学習であったともとらえてよいであろう。

教師は子どもの反応を予測して教材の準備をし、活動を通して生まれた、発見のきっかけとなるつぶやきや気づきを全体に伝える役目をしていた。もしかしたら、「ヒントを教える」といった発話も、その時間帯も、教師の計画のうちに入っていたのかもしれない。「先生の手助けは不要」ということも含めて、教師は子どもたちに意図的に意識化させようとしているともとれる。こうした学習は、子どもたちに学ぶ喜びのみでなく、発見することの楽しさや、学習とは子どもたちのための、子どもたちのものであるという意識も同時に感じさせる効果がある。

このような取り組みが、総合的な学習として、また教科の学習として今後さらに開発されていく必要があろう。そのような教師の創造力や企画力が必要となる。多様な個をどのように結びつけ、そこから何が生み出されるのかをデザインしていくアトリエ（作業場）を経営する教師の手腕が必要であると言ってもよい。

二つの事例を通して確認しておきたいことは、子どもたちのストレスにならないように学習が進むことが、必ずしも良いことばかりとは言えないということである。うまくいかない経験、友達や地域の人々の協力を得てうまくいく方向に転換した経験…、そのような一連の学習経験が、子ども

たちの未来にもつながる、価値ある経験となっていくのではないだろうか。あるときは悩み、苦しみながら解決策を探っていくことにこそ、学習の真の姿があると言っても過言ではない。むしろそれこそが、学習の本質であるととらえるべきである。

第5節　アトリエとしての「コミュニティ」

　本章の最初の問いに戻る。教室は、子どもたちにとってどのような「コミュニティ」であるべきなのか。その「コミュニティ」は、子どもたちのどのような未来につながるものであるのか。この問いに対して、最後にもう一つ事例を示してみたい。それは、「問題解決」を必要としないフィクションとしての、ある「コミュニティ」の話である。教職に携わる者には、示唆に富む一冊となるはずである。

　『ギヴァー』という小説がある。この物語の舞台となる「コミュニティ」は、飢えや犯罪、争いや悩み等のない理想の世界である反面、多くの規則に縛られ、人々が感情を表すことのない不可思議な社会である。「コミュニティ」の子どもは12歳になると、〈長老会〉の判定によりそれぞれの職業を決められる。読み進めるうちに、読み手は、〈解放〉が人生からの解放、つまり人為的な死を意味することや、〈長老会〉から与えられる仕事に子どもを産むだけの仕事（〈出産母〉）があること、謝罪は受け入れなくてはいけないことなど、さまざまな「コミュニティ」のしくみを知り、逆にそのことに違和感を持つようになる。

　主人公の少年（ジョナス）は、「コミュニティ」にただ一人の「記憶を受けつぐ者（レシーヴァー）」の後継者となるが、名誉とも言えるその仕事は、同時に苦痛や孤独を伴う仕事でもあった。ジョナスは、記憶を受け継ぐ過程で過去の殺戮や争い、そしてかつて世界には鮮やかな〈色〉が存在していたことを知る。そして、「記憶を伝える者（ギヴァー）」から、画一化以前の記憶を伝えられ、「コミュニティ」が、自由や個性を混乱や争い

の元として排除し、苦痛の記憶を「記憶を受けつぐ者」だけが背負うことで成り立っているものであったことを知り、そういった「コミュニティ」そのものを変革しようと行動を起こす…。
　この「コミュニティ」には、いじめや自殺はない。死は時期が来ると他者から与えられ、争い事に対してはその場で謝罪をしなければならない決まりである。そのようにして穏やかで平和な世界を作り上げ、逆に自己決定の権利や自然な感情、自由な思考などを捨て去った上に成立している「コミュニティ」の話なのである。悩み、苦悩し、他者との相違を受け入れて生きていくことが、いかに自然なことであるかをあらためて読者に考えさせようとする、そんな作品でもある。現実はそうではない、と誰もが最初は読んでいて思う。しかし、もしかしたら、制度化や画一化、同一化は、ふだん意識していないだけで、身近にあることなのかもしれないと、作品の「コミュニティ」を通して問い直していることに、読者は同時に気づいていく。
　物語は、ジョナスが「コミュニティ」を脱出するところで終わる。同一化に反旗を翻して生きていくことに、どのような試練が待っているのか。しかし、その試練を選ぶことが、まさしく生きていくことに他ならないということにも、読者は気づかされる。
　以上のことを、教室という「コミュニティ」に置き換えてみると、そこが、作品の「コミュニティ」のような、制度化され、画一化・同一化された世界であってはならないと、再認識することができる。しかし、ともすると、ときに教師はそのことを忘れ、子どもたちが皆同じように活動してくれていることに、安心してしまいがちなところも否定はできない。そのことにも、『ギヴァー』は、気づかせてくれる。
　そうならないためにも、学習や学校生活には、「問題解決」場面が必要である。全ての学習がそうあるべきだと考えてもよい。具体的にどうするか、それはまた、別の稿にて論じることを今後の新たな課題としたい。

おわりに

　教室は、異質な他者がいてこそ成り立つ「コミュニティ」であると述べてきた。また、そこでの学びは、教師が価値あることを教えようとしても、学習者が必要とみなして学ばなければ、それは学びとは言えないとも述べた。

　学習は、「発見」の喜びによって学力となる。また、「発見」は次の学習に向かう期待値を高める。子どもたちの未来は、そのような「発見」の積み重ねの先にあり、教室はそのようなさまざまな「発見」を交流し合う作業場（アトリエ）でありたい。また、そのような「発見」は、「問題解決」の過程でこそ生まれるものだ。そのためには、多様な他者が必要であるし、さまざまな条件も必要である。教室は、「コミュニティ」でもあり、創造的な「アトリエ」と置き換えることもできる。そこには、多様な発想を持ったデザイナーがいて、常に個々の発想を出し合いながら、創造的に議論を重ねることで、よりよい作品世界を生み出していくことが可能となるのであろう。

【文献一覧】

　里見実『学校でこそできることとは、なんだろうか』太郎次郎社エディタス、2005年

　田中智志・橋本美保『プロジェクト活動：知と生を結ぶ学び』東京大学出版会、2012年

　船津衛・浅川達人『現代コミュニティ論』（放送大学教材）放送大学教育振興会、2006年

　三笠乙彦・森川輝紀編著『教育史』（実践教職課程講座第18巻）日本教育図書センター、1988年

　ローリー, L.（島津やよい訳）『ギヴァー：記憶を注ぐ者』新評論、2010年

第13章 教師のライフコースと成長

安井克彦

はじめに

　この章では、「教師の一生」を考えてみる。それを社会学では「教師のライフコース」と呼んでいる。教師のライフコースとは、教師の人生行路のことである。やや専門的になるが、「ライフコースとは、年齢別に分化した役割と出来事を経つつ個人が辿る生涯の道」(『新社会学辞典』) と定義づけられている。

　多くの場合、教師を志す者は大学を卒業し、教員採用試験を突破し、新任教師として赴任する。そして、一つの学校に5～6年勤め、転勤する。他校種の学校に転勤する場合もあるし、同一校種の他地域の学校に転勤する場合もある。それを4～5回繰り返した後、学年主任や教務主任になる。次は管理職の教頭や校長である。教頭を2校経ると、校長任用試験を受審し、校長になる。校長を2校ほど経験すると定年の60歳を迎える、というのが教師の一般的なライフコースである。

　この間、教師として教職観を変えるようなターニングポイント（転機）を経験する。同僚先輩との出会い、生徒指導、職務上の変化、病気、障害児との出会いなどがそれである。教師はそういう経験や出会いの中で、力量を形成し、成長していくのである。ここでは、五つの段階に分けて、教師の一生を考えてみる。

　この章では、教師のライフコースと成長（力量形成）の関係を探ってみたい。

第1節　教師の道を選んだ理由

1　教師への動機調査

　多くの教師は、どのようなきっかけや動機で教師の道をどのように選んだかを見てみる。筆者が2012年度、N市内の小中学校3役（校長、教頭、

教務主任）108名の悉皆調査を実施した結果は以下のようである（「教師のライフコースと力量形成に関する研究」）。

「大学へ入学され、教員養成課程を受講された動機や理由を次から3つ以内選んで○を付けてください」の項目で調査した。

①子ども時代の先生を見て、②周囲の勧め、③子どもを教える仕事へのあこがれ、④教育大学へのあこがれ、⑤教師以外の職業が考えられなかった、⑥他の希望する学校の次善の選択として、⑦将来の経済的安定、⑧学費が安い、⑨家業の継承を避ける、⑩家を継ぐ必要、⑪その他

結果を見ると、次のようになっている。

1位　③子どもを教えることへのあこがれ　56.7%
2位　①子ども時代の先生を見て　　　　　46.5%
3位　②周囲の勧め　　　　　　　　　　　22.8%

2　教師になったきっかけ

　　小中学生の時に好きな担任に出会ったこと。小さい時、「学校ごっこ」をよくして、先生役をしていた。働く母の姿に自分も自立した女性を求めた。大学受験の時、自分の意志が固まった。資格を持って働けるという母の勧めもあり、教師になることが具体的な目標になった。教育実習はそれを確かなものにした。

筆者が教師へのインタビュー調査をしてみると、「教師になろうと決めたきっかけ」は小・中・高校の恩師と答えた者が多い。「教師へのあこがれを感じた」とか、「○○先生のような教師になりたい」「尊敬する恩師に出会った」のように、ほとんどの教師が恩師との出会いを挙げている。教師という仕事が、児童生徒の心身の発達とともに、個々の人格形成に深くかかわっていることを物語っている。「小さい頃からみんなに教えることが好きだった」「あこがれ」「教師への魅力」を挙げている教師には、学校段階を経るごとに、こうした基盤を厚くしていった様子を読み取ることができる。つまり、子どもに対する愛情や教育への情熱、使命感といった教

師の力量を形成していく基盤が、学校生活を通じて幼少期から無意識のうちに形作られたと考えられる。

第2節　初任期の教師

1　1年目からの研究活動、A教諭

　　K小学校で7年間過ごした。新任として赴任した年が市教委委嘱の研究指定の初年度に当たり、2年目に研究発表をした。国語の「語彙指導」の研究をした。国語科出身ということもあり、1年目から研究部に入れていただき、研究推進委員を仰せつかった。用務員さんが晩御飯にご飯とみそ汁、そして漬物といった食事を作ってくださった。夜遅くまでやった。教務主任の先生（恩師）が「新任3年でものにならなかったら、どうしようもないでな」と言われ、がんばった。授業研究は楽しかった。責任もなく、思う存分やらせていただいた。恵まれたスタートだった。教材などもみんなで作り、楽しかった。

　自分の専門教科の研究指定校へ新任教師として配属された教諭の事例である。夜遅くまで晩御飯（漬物とみそ汁だけ）をみんなで食べながらの研究であった。しかし「楽しかった」と述べている。みんなで教材研究をし、みんなで授業研究をする。周りの人、つまり同僚・先輩がよくめんどうを見てくれた恵まれた環境にあった。同僚性が希薄だといわれる現在、恵まれた順調な滑り出しだった。現在では考えられない新任教師の姿かもしれない。上からの押しつけではなく、みんなで研究をするという職員室の雰囲気（「同僚性」）が新任教師を育てるのではないであろうか。

2　授業づくりの面白さ、B教諭

　　新任校は農村地帯、L市の小学校である。40人の2年生を担任した。初

めて教室に入った時、40人の子どもたちの目に圧倒された。この瞬間は、教員人生で生涯忘れることができないものになった。学年主任としてご指導くださったM先生から多くのことを学んだ。低学年のスペシャリストと言える先生で、子どものしつけから授業づくりの基本まで丁寧に指導してくださった。2年目に県教委の訪問があり、若手代表として国語の授業をさせてもらったとき、M先生からご指導いただいて、課題解決型の授業に挑戦し、授業づくりの面白さを感じた。2学期の訪問だったが、4月から準備をした。自分にとっては大冒険だったが、何度も何度も違う教材でやってみた。顔面神経マヒに陥ったほどだった。

　また、校内若手リーダーのN先生を中心に、土曜日の午後、勉強会を行い、「斎藤喜博」などを読んだ。大いに刺激を受けることができた。

　B教諭は初めて教壇に立った今から35年前の気持ちをいまだに鮮明に覚えているという。40人の子どもを前にして、全力でやろうと誓ったのである。職場も良かった。純粋に授業を大切にする仲間とともに、読書会をやった。土曜日の午後である。「斎藤喜博著『学校づくりの記』の輪読会を有志で開いた」とある。当時は国内で、「東の斎藤、西の東井」といわれ、「斎藤喜博」「東井義雄」ブームになっていた。全国津々浦々で、こういう学校や職員室の風景が見られた。週5日制になり、こういう学校は皆無となってしまった。

3　4本柱の先輩、C教諭

　　N中学校へ新任で赴任した。N中学校には教師文化があった。サムライ級の方がいっぱいおられた。自分の担当のところは文句を言わせんという雰囲気があった。トップダウンではなくてボトムアップという感じだった。Q先生が4本柱の先輩を見つけよ、と言われた。学級経営、生徒指導、教科の指導、部活動を学べる4人の師匠を見つけよ、と言われた。学級経営はR先生、教科はS先生、生徒指導はT先生、部活はI先生。見よう見まねで、がむしゃらにやった。担任をした2年7組。競技大会、運動会、合唱

コンクール全部で優勝した。楽しくてしかたがなかった。

　先輩のQ教諭から30〜40人いる職員の中で、「4本の柱を見つけて学べ」と言われた。中学校の教師の主な仕事は学級経営、教科指導、生徒指導、部活動である。30〜40人の職員の中でトップの教師を見つけて学べというわけである。「見よう見まね」である。「がむしゃらにやった」という。若さである。新任教師の特権である。
　ここにも、若い教師を育てようとする雰囲気がそのN中学校にはあった。初任期においては、研究授業や学級経営に主体的に取り組む経験が重要である。赴任先が「教師力向上のために絶えざる努力をする、という基本的な姿勢を培うことのできる学校」であることが、教師の力量形成に極めて大きな影響を与えるのである。
　多くの教師が「先輩教師の指導」に関する内容に触れている。初任校が小学校の場合は、きめ細かい教材づくりや子どもに興味を持たせる語り方、子どものしつけや授業づくりの基本といった視点で、先輩教師から細部にわたり丁寧に指導してもらったことを挙げている。校種により方法はさまざまであるが、暗中模索の状態にある初任期の教師に対して、先輩教師がタイミングよく的確な指導をすることは、まさに啐啄同時であり、若手教師の成長にとって必要不可欠である。

第3節　自己確立期の教師

　教師も30代の中堅教員になると初任期の教師とは異なって、専門職としての自覚を持つようになる。自立した教師になるのは、さまざまな教師経験がそれに影響するからである。それが教師のあり方のターニングポイント（転機）である。

1　教職実践や教育に対する影響度調査

「先生が教師としての生活を歩まれてきた中で、以下のような体験や状況のうち、教育実践や教育に対する考え方に影響を生み出したと思われる事柄を、先生にとって意味の大きい順に1位から3位まで挙げ、それぞれについてその時期・内容・変化などを具体的にお書きください」という調査をした。

① 教育実践上の経験（低学年指導、障害児指導、生活指導教育、特定の子どもとの出会い）
② 自分にとって意味のある学校への赴任
③ 学校内でのすぐれた先輩や指導者との出会い
④ 学校外でのすぐれた人物との出会い
⑤ 学校内での研究活動
⑥ 学校外での研究活動
⑦ 市教研・郡教研や組合などの団体内での活動
⑧ 社会的活動
⑨ 地域と学校への着目（地域の課題発見）
⑩ 教育界の動向
⑪ 社会問題や政治情勢など
⑫ 職務上の役割の変化
⑬ 個人及び家庭生活における変化
⑭ その他

この結果は以下のとおりであった。

1位　③すぐれた先輩や指導者との出会い　　37.8%
2位　①教育実践上の経験　　　　　　　　　20.5%
3位　⑤学校内での研究活動　　　　　　　　19.6%
4位　⑫職務上の役割の変化　　　　　　　　 8.6%

2　D教諭の事例〜教育的な感覚を磨く

　　U中学校には、理科部にR先生、S先生がおられて大変お世話になった。先生たちは授業に対して研究的であり、真剣に取り組んでおられた。理科部では夜遅くまで指導案の検討をすることがよくあった。午後11時過ぎに検討が終わり、次は明日にと考えていたら、「明日の朝までまだ5〜6時間あるから、今から直しちゃえば」という先生であった。子どもにはいい実験をする必要がある。「モンキーハンティング」の実験では、徹夜で実験装置を作り、調整して授業でうまく成功したときの満足感は今でも忘れることができない。その感動は子どもたちにも伝わったようであった。R先生、S先生からは教材教具を開発し、創ることの重要性を学んだ。

　「すぐれた先輩や指導者との出会い」を自分が成長した要素に挙げる教師が断然多い。特に「学校内の指導者」である。学校の中核として活躍する中堅期は、「校長のリーダーシップ」や「校長の指導」の下で教科指導や生徒指導など、自分の思いを具現化して、実践していく時期である。そんな中で直接声を掛けて具体的に指導してくれるのが校長や教頭であり先輩である。その時の成功体験は一生の財産となり、失敗体験はその後の教師人生の教訓となっていく。また、なかなか思うようにいかずに壁に直面したり、悩みを抱えたりしたときに、校長や教頭の助言や先輩の姿を見て模索することから活路を見いだしていくのがこの時期である。こうして身につけた力こそがその後の教育活動の原動力や自信につながっていることを、それぞれの教師自身が自覚しているが故の結果であると考える。しかし忘れてはならないことは、多くの先輩との出会いは偶然の出会いのようだが、自ら求めたからこそ親身になっての指導に結びついたということである。

　「学校内での研究活動」では、「同僚の支え」を一番に挙げている教師が多い。校内の研究や現職教育を推進していくうえで、中堅教師の活躍に期待するところが大きい。こうした中で「目標になる同僚と出会えること」が、中堅期における力量形成において不可欠な要因であることを確認する

ことができた。このことは、「校内の研究活動」においても、先に述べた「先輩の指導」から多くのことを学んでいくことは言うまでもないが、同世代の同僚と互いに支え合いながら切磋琢磨していく雰囲気の中で研鑽を積んでいくことの重要性を物語っていると言える。思いはあっても一人ではなかなかできないことも、組織や集団の流れや動きの中で、知らず知らずのうちに力をつけてきたことを身をもって経験してきたからであろう。多くの教師から「私は、○○学校で育てていただいた」などという言葉が聞かれるのは、まさにこういうことなのであろう。

3 実力のなさに発奮〜E教諭の事例、専門職としての自覚

　T中学校での社会科の実践が心に残っている。小学校から中学校への転勤、中学生は知識に対する意欲が高く、また逆に、教師が知識を多く持っているか、試すような風潮があった。教師が間違った文字を書いていれば非難したし、教科書を見て板書していれば、この教師は力がないと評価してしまうようであった。悪く言えば、教師の足元をすくうようなところがあった。教え方を知らないのではないか、欠点を探すようであった。実力のなさを痛感した。今でいえば、学級崩壊であった。

　そんなことがあって、教科書を見ないで、授業ができるようでありたいと考えた。教師だから、教科書を暗記して授業をした。生徒に知る喜びを感じさせたいと思い、たくさんの本を読み、自分なりの解釈をして、生徒に話すようにした。たとえば、2年生歴史では、「十字軍」などの専門書を読み、子どもが驚くような事実を話して、授業を盛り上げた。1時間の授業を構成するのに多くの本を読み、調べ、まとめるという教材研究にとても時間を費やした。部活動をやってくたくたであったが、板書計画を作り、授業に生かした。3年ほどかかった。

　教師には、生徒もすごいと感じさせる専門知識と話術が必要である。地理の授業もしかりである。地図黒板を使用すれば事足りるわけであるが、フリーハンドで黒板に略地図を書く練習をした。これができて、初めて生徒は認めてくれるのである。どの教師も同じであるが、卓越した姿を見せ

れば、子どもは尊敬する。この中学校での最初の卒業生が一番印象に残っている。同級会をしつこくやってくれる。

　ここには教師としての中核的な活動、授業に関する重要なヒントがあるように思うからである。先の調査における「教育実践上の経験」では、半数の教師が教師の本分である「授業づくり」を挙げている。初任期の頃は「失敗を恐れずどんどん挑戦していこう」と声を掛けられ、ただがむしゃらに研究授業に挑戦する。多くの場合は思うようにいかず、「自分の力のなさを自覚」し、失敗しながら成長していく。

　しかし、中堅期になると初任期とは違い、そうそう失敗してもいられない。そこで、目の前の子どものことを第一に考え、「子どもたちが分かる授業」「子どもたちが主体的に活動できる授業」を目指して、誠実に教材研究を行い、確かな実践を積み重ねることにより、授業力を高めていく。このことが教師としての力量を向上させていくうえで大切なことである。

　と同時に、学習成績が低位の子どもたちから「今日の授業よく分かった」とか「今日の授業面白かった」という反応が返ってきたとき、教師の満足感がわき、信頼関係が増していく。それは数年後まで、いや数十年後までの教師と生徒の信頼関係につながる。「同級会をしつこくやってくれる」はその表れである。世俗的であるが、こんなところにも教師としての生きがいがあるかもしれない。教職という仕事は、自分がやればやるほど手ごたえがある仕事である。と同時に同じように指導しても、毎回子どもの反応が異なる。創造的な仕事であり、やりがいや生きがいが生じる。

第4節　管理職期の力量形成・成長

1　11人の校長へのインタビュー

　N市内の校長へのインタビューで、管理職期にどのように力量をつけて

いったかを調べてみた（「教師のキャリア発達と力量形成に関する研究」）。

　管理職期で第一に挙げられたのは、次頁の表である。初任期や中堅期には、どこの学校にいるかという所属感そのものが重要であったが、管理職期では、どの役職に就いているかという社会的地位に対する満足感へと変化している。

　中堅期に多かった「①教育実践上の経験」は、管理職期には全体的に位置づけが低下し、職務が子どもと直接対峙（たいじ）する立場から企画・運営・管理へとシフトしている。そして、役職に就くことによって課題として立ちはだかってくるのが、学校内では、「⑤学校内での研究活動」に包含されている「現職教育の難しさ」「教師集団づくり」「同僚とのつながり」であり、対外的には「⑨地域と学校への着目」にある、「町内会・PTA・地域への目配り」である。

　教育技術という、いわば個人内の力量向上からはいやおうなしに卒業させられ、対人的な交渉能力がまさに試される立場に置かれている姿が浮き彫りにされている。それは、教え子たちとか児童生徒から離れる寂しさといった教員のロマンチックな感傷をかなぐり捨てて、自分自身の考えを大きく転換していく姿と重なってしまう。

2　人間教師としての成長

　教師は教師である前に一人の人間として誠実に生きたい。筆者はかつて地元の教育長をしていた。その時、町の教職員信条として、三つのことをお願いした。

- ・教育専門職として、師弟同行、日々あらたな授業を構築し、自ら燃える教師になろう。
- ・親の立場に立って、一人の子のために泣く教師になろう。
- ・社会人として、地域社会と共に、胸を張って生きていこう。

　ここで、特に3番目の「地域社会と共に」生きる教師、社会と正対する教師について強調した。前記の教職実践・教育影響度調査を見ても、「⑧社会的活動」「⑪社会問題や政治情勢など」が自分の教育実践に影響を

表●教師のライフコースと力量形成・成長のキーワード（カテゴリー分類）（筆者作成）

	初任期	中堅期	管理職期	振り返って
①教育実践上の経験	子どもとの出会い 先生としての心地よさ 試すような風潮 教材研究（実力のなさ）	専門知識を持つ 教材・授業づくり ユニークな実践 新しい企画 生徒との出会い 信頼関係を築く 生徒指導・授業の苦しみ 週案を生かす 自分磨き 自分の力のなさへの気づき	新しい企画 学校改革 教務主任改革 今までの実践を生かす 過去の実践を生かす 生徒指導の難しさ 教え子たち	事件に出合う 自分の非力の恥ずかしさ 日々の積み上げ 親との信頼関係 子どもの相談に乗ってあげる 子どもをかわいがる
②意味のある学校への赴任	へき地教育 研究校への赴任	研究指定校 全校体制		
③学校内の指導者	先輩教師の指導 教務主任の指導 校長の姿勢 （リーダーシップ） 教頭の教え	校長のリーダーシップ 教頭先生の指導 先輩の指導	理想の校長像 校長の手腕 教頭の指導 先輩の指導	上司の無理解 身近な先生が手本 どの学校にも目標となる人あり 校長の姿勢 先輩校長の姿 先輩の温かさ 先輩・同僚から学ぶ
④学校外の人物		教育長との出会い	教育長の指導	
⑤学校内での研究活動	同世代の仲間 同僚との会 論文のまとめ 職場の雰囲気 教師文化 部活指導から学ぶ	研究会へ入る 教科部会 後輩の指導 同僚の支え 同僚の雰囲気 表彰を受ける 研究の基礎 論文の執筆 部活で生きる・悩み	研究発表 研究図書の発行 大学との連携 部下の指導 現職教育の難しさ 教師集団づくり 同僚とのつながり 学校によって異なる雰囲気	若い教師を育てる 授業を大切に 分かりやすい授業 組織で動く 触れ合い（コミュニケーション） 雰囲気（切磋琢磨）
⑥学校外での研究活動	他地区への参加	研究サークル 大学との関係		若いときからサークル活動を
⑦市教研・郡教研			三河教育の偉大さ	
⑧社会的活動				
⑨地域と学校への着目	地域・PTAの支え 保護者の温かさ	PTAとのつながり 地域とのつながり コミュニティの温かさ	町内会・PTA・地域 学家連携 教育共同体	
⑩教育界の動向	私の鏡となる本（実践）との出会い	本との出会い		
⑪社会問題や政治状況				
⑫職務上の変化		主事・主任への登用、悩み 教科指導員への登用 他校・他地区への移動	役職への登用 役職登用への不満 生徒から離れる寂しさ	
⑬個人・家庭の変化			病気のつらさ	病気になるつらさ
⑭その他			問題教師 やる気のない教師 危機管理・不祥事対応 行政への関与	問題意識を持つ 求める教師に 教師はチャレンジを 記録が大事 真面目さ はででなくていい 子どもは教師をよく見ている

ほとんど与えていない。それだけ、教師が社会への関心が薄く、教育という世界に閉じこもっているということである。

　しかし、これではいけない。教師も社会人である。教育は社会の中で営まれている。こういう状況からすれば、教師は社会人として、社会と正対し、視野を広く持って社会問題を考える教師でありたい。それでこそ開かれた教師であり、社会と対話する教師である。常に社会情勢に敏感でありたい。「教育の常識は社会の非常識」と言われることがあってはならない。

おわりに〜教職を振り返って〜

　「教職を振り返って、教師の力量形成に必要なこと」を見てみる（**表**）。35年以上の教職経験から、それも真実味を示しているように思える。「⑤学校内での研究活動」「③学校内の指導者」の項目が多くなっており、それらが教師の力量形成に大きく影響していると思われる。多くの教師が痛感しているのは、「若い教師を育てる」や「先輩の温かさ、先輩・同僚から学ぶ」であった。若い教師時代に先輩に育ててもらったから「若い教師を育てる」ことの必要性・重要性を感じているのであろうし、事実、「先輩の温かさ、先輩・同僚から学ぶ」が多いのもうなずける。

　どの学校にも「目標とする」「身近な手本」の教師がいるわけで、そういう先輩や同僚に負けまいとする姿勢こそ、自分の教師としての力量を形成していく基ではないであろうか。

　「⑤学校内での研究活動」の中で、「組織で動く」「切磋琢磨する職場の雰囲気」「触れ合いといったコミュニケーション」などは、まとめると、職場の同僚性・協力性ということになるかもしれない。同じ学校の20人なり30人の教師が、組織として事に当たる。一人ひとりでは非力であるが、学校という組織体は集団として同じ目標に向かって行動することで、学校の質を上げていくことにつながると思われる。

　学校の教育活動は、ともすると研究指定校としての成果など外向きになりがちであるが、そうではなく、「はででなくていい」「真面目さ」「日々の積み上げ」を強調する校長にも共感できる。「子どもは教師をよく見て

いる」わけで、担任や教科担当の教師が自分たちのことを考えていてくれるか否か、実によく見抜いている。誠実な子どもへの対応を期待している校長の考え方も一考に値する。日々の教育実践の中で、最も基本的なことであり、最も重要なことかもしれない。それはまた、同時に「分かりやすい授業」「授業を大切に」につながる。「良い授業」は教師にとって、命であり、親も子どもも最も切望する教師の営みである。その中から「親との信頼関係」がわき、教師や学校への信頼関係が築かれる。その基底には「子どもをかわいがる」という教育愛の精神が流れていることは言うまでもない。

　教師はいやがおうでも、子どもと正対している限り常に勉強する立場にある。その意味で「進みつつある教師のみ人を教える権利あり」とある哲学者が言ったように、学び続ける教師が本物の教師である。単に教師は力量が足りないから、力量を形成しなければならない、という考え方ではなく、常にチャレンジし、向上しようとする存在として教師をとらえ、教師教育のあり方を見ていかなければならない。

【文献一覧】
　　稲垣忠彦・寺崎昌男・松平信久編『教師のライフコース：昭和史を教師として生きて』東京大学出版会、1988年
　　柴田義松・山崎準二編著『教職入門〔第2版〕』学文社、2009年
　　森岡清美・塩原勉・本間康平編『新社会学辞典』有斐閣、1993年
　　安井克彦「教師のライフコースと力量形成に関する研究」『名古屋学芸大学紀要』〔教養・学際編No.8〕2012年、pp.81-103
　　安井克彦「教師のキャリア発達と力量形成に関する研究」『名古屋学芸大学紀要』〔教養・学際編No.9〕2013年、pp.25-62
　　山崎準二編著『教師という仕事・生き方：若手からベテランまで教師としての悩みと喜び、そして成長〔第2版〕』日本標準、2010年

終章

自己成長する教師のために

高橋　勝

はじめに

　『教職概論』を編集するに当たって、編者は、教師が教える、指導するということの前に、まず子ども・若者が学ぶ、育つということはどのようなことかを、読者がしっかりとイメージできるような本を作りたいと考えてきた。それは、序章でも述べたように、知識・技能をまんべんなく子どもに伝えればそれでよしという、啓蒙・普及型の教育の時代は、すでに終わったと考えられるからである。

　高度経済成長期を経て、子どもたちは、1980年代からは情報・消費型社会に、さらに1990年代からは市場経済のグローバル化の高波に飲み込まれる社会に置かれるようになった。既存の知識や価値観を持ち出せばなんとかやっていける時代は終わりを告げ、新しい問題に対して、新たな知識、新たな価値観を創造しながらでないと、複雑化した社会を突破できない状況が生まれている。

　そう考えると、これからの時代の教育の重点は、教育内容でも、教師の指導でもなく、まさに子どもたちの知的好奇心を思う存分発揮させること、さまざまな問題に気づき、問いかけ、追究しながら学ぶこと、子どもたちどうしが学び合い、教え合い、体ごと未来に向かって問いかける創発的知性と行動力の根源となるものを育てることに置かれなければならないことが分かるであろう。

　こうした生命力や成長意欲に満ちあふれた子どもが学校で育つには、やはり教師自身が生命力や成長意欲にあふれていることが肝要である。文明や社会が複雑になるにつれて、医師や弁護士に代表される高度な専門的職業人には、日々の職業生活を通して、専門職を担うに足る資質や見識の不断の向上が求められてきている。それは、教師という職業においても例外ではない。いや、社会が複雑になればなるほど、学校教育に期待される内容がますます加算され、教科指導、生徒指導はもとより、総合的な学習の時間、特別活動、道徳教育、学級経営、学校経営、地域連携事業、保護者対応など、実にさまざまな課題が学校に求められてくるからである。

しかも、学校を支える地域住民の支援体制が弱く、家庭での子どもの基本的生活習慣づくりも十分とは言えない家庭の多い地域に置かれた学校では、上記の課題に加えて、家庭の保護者や地域住民の学校への協力体制を呼びかけるという、学校を支える基盤づくりの課題にも取り組まなければならない。学校は、家庭や地域からの支援体制なしてはやってゆけない教育機関だからである。
　もちろんこれは、教師が単独で取り組む課題というわけではない。校長・教頭などの管理職、学年単位や校務分掌における教師集団の協力や連携の中で取り組んでいくべき課題ではあるが、新任教師は、こうした状況下に置かれて、先輩教師の働き方や動き方を見ながら、その状況にしだいに深くかかわっていくことになる。最近よく言われるようになった「正統的周辺参加」(Legitimate Peripheral Participation)の学習理論は、子どもの学びばかりでなく、教師の学びと成長を考える際にも当然当てはまる。それでは、成長する教師はどのようにして育つのか。本書全体のまとめとして、この問題を最後に考察しておきたい。

第1節　子どもが教師を育てる
〜教師が育つということ①〜

1　教師 宮澤賢治の言葉から

　「子どもが教師を育てる」という見出しを見て、いぶかしく思う読者もきっと少なくないであろう。これは、誤植ではないのか。なぜなら、教師が子どもを育てるのであって、子どもが教師を育てるということはありえないのではないか、と。
　学校とは、教師が子どもを育てる場所であることは言うまでもない。しかし教師は初めから、授業や生徒指導の万能選手として教壇に立っているわけではない。あらゆる専門的職業人がそうであるように、教師もまた試

行錯誤を積み重ねながら、その教育観や授業方法、生徒指導の腕前を磨いていくのである。こうした力量が磨かれるのは、いつも目の前にいる子どもたちのなにげない表情や無言の振る舞いからである。

　大正12（1923）年、作家であり詩人の宮澤賢治（1896-1933）は、岩手県花巻農学校の代数、英語、土壌学、肥科学の教師だった。肥科学の授業の中で、賢治は、稲の育て方について、生徒たちにこう語ったという。宮澤賢治の授業を受けた教え子の一人の約60年後の証言である。

　　瀬川哲男（生徒の一人：引用者注）はまた、「一番大切なのはその年の気候です。それと、この田で前の年なんぼとれたかということです。それが大切なのです。それで肥料の効きめがちがうのです。天然の力には、けっきょく人間の力は勝てないのです」と教えられた日のことも忘れない。
　　「それだから、… だからこそ、稲とお話することを覚えなさい。そうすれば、稲が、今おれ肥しなんぼ欲しいと言っているかがすぐに分かる。稲は、顔でそれを表している」、そう賢治は彼に言ったのだ（『教師 宮沢賢治のしごと』pp.62-63）。

　瀬川のこの証言に続けて、聴き取り手の畑山博はこう付け加えている。

　　賢治がここで顔という言葉を使うとき、それは、単なる貌という意味の比喩ではなくて、手、脚、胸もある稲のその顔なのだということが、私にはひしひしと伝わってくるような気がする（同上書、p.63）。

　通常の肥科学の教師であれば、稲をよく「観察すること」と言ったはずである。植物と「お話しなさい」という専門学校の教師はまずいないだろう。ところが、なんと賢治は、「稲とお話すること」を生徒に勧めたのである。それは、畑山がいみじくも指摘したように、賢治の言う「稲の顔」とは、稲の単なる一部分ではなく、「手、脚、胸もある稲のその顔」であり、その表情が見える相手には全身で思いを訴えかけてくる「汝」（Du）

という全体性（ブーバー, M.）を指している。

　今まさに育ちつつある稲穂が、自分を分かってくれる相手にだけ話しかけてくるのである。通常の人には、その声は聞き取れず、表情も読み取れない。その声なき声が聞き取れるようになるのは、農業者が稲を単なる植物としてではなく、人間と同じようにケア（気遣い）し、受容しているからである。今までは、単なる植物にすぎなかった稲の顔が見え、表情が見え、その思いや訴えを感知できるようになること——賢治は、そこに農業者としての成長を期待していたに違いない。

　稲穂が農業者に訴えかけながら、彼にそうした世界への「開かれ」を促してくれるのである。ここには、宮澤賢治の宇宙生命論がみごとに反映されているが、そのことはさておいても、100年近く前に、宮澤賢治が生徒に語ったという米作りの秘訣は、教師と子どもの関係をもみごとに言い表していると言ってよい。

2　子どもの表情が語りかける

　むろん子どもは稲穂ではないから、行動で、言葉で、表情で、あるいは無言で、教師に訴えかけてくる。しかし、すでに述べてきたように、その子どもの言葉や表情、ましてや無言の訴えなどは、ベテラン教師には見えて、聞き取れても、経験の浅い教師には見えづらく、聞き取れないかもしれない。同じ子どもの顔がそこにあっても、それを読み解く力には、個々の教師の力量に応じて雲泥の差があることを、まず自覚すべきである。

　子どもの話を聞いているようで、実は表面しか聞けていない教師が少なくない。それは、子どもの語る言葉だけにアンテナを張り、体の全体が見えていないからである。相手の表情、感情の浮き沈み、体のちょっとしたこわばりなどに目が十分に行き届いていない。「稲とお話することを覚えなさい。そうすれば、稲が、今おれ肥しなんぼ欲しいと言っているかがすぐに分かる。稲は、顔でそれを表している」と言う宮澤賢治の米作りの秘訣は、〈教師―生徒〉関係に置き換えれば、次のようになるだろう。

　「子どもとお話することを覚えなさい。そうすれば、僕・私は、〜がよ

く分からない。もっと〜のことを丁寧に教えて、という、子どもの心の奥底の悲鳴が聞き取れるようになる」ということに他ならない。教師が子どもを育てるのだが、同時に教師は、その子どもによって育てられる。教育関係のこうした相互依存性と関係生成という深層部分まで、しっかりと認識しておきたい。

しかし、成果主義が広がる現代社会では、「子どもが教師を育てる」という視点は、あまりにもロマン主義的で牧歌的に響く。むしろ産業界を中心に、それとは逆の促成栽培的な教師力養成講座への期待が強まる傾向にある。

たとえば、教師＝サービスの提供者、子ども＝顧客、という教育＝サービス論が1990年代から広がりを見せている。この考え方では、教師と子どもを引き離し、子どもは、顧客＝サービスの享受者として商品選択の立場に固定化され、教師は、教育サービスの提供者として高品質な授業提供の立場に固定化されて、スッキリと二分される。そして教師側には目標を明示して、短期間で目標を達成する授業の提供者としての能力向上を図ることが期待される。これは、消費社会論を背景にして台頭した教育論の一つで、分かりやすいことこのうえない議論ではあるが、すでに指摘した「教育関係の相互依存性と関係生成という深層」への理解が全く欠如した表層だけの議論にとどまる難点がある。そのために、この観点からの教師論では、教師、子ども、保護者、同僚教師、地域住民はそれぞれ分断されて、それぞれが孤立無援の閉域に囲い込まれてしまうという恐れが多分にある。

第2節 教師が教師を育てる
〜教師が育つということ②〜

自己成長する教師というと、教師に研修の機会を数多く与えればよいと単純化して考えられがちであるが、ここで言いたいのはそういうことでは

ない。子どもが、教師の個人的指導力によってしっかり学ばされるということよりも、授業中のグループ活動や班活動などを通して、子どもたち自身が問題に気づき、互いに調べ合い、学び合い、問題を追究し合うことのほうが、学びに主体性と創発性が盛り込まれることは言うまでもない。教師の学びに関しても全く同じことが言える。

　教師それぞれの教育課題や取り組みたい課題を抜きにして、一般的な知識・情報を提供したとしても、それが教師の知的探究の血や肉になるわけではない。むしろ、学年会であれ、担当する教科の研究部会であれ、教師たちが同僚性（collegiality）を発揮して、グループで学習し合う機会を多く持つことが、教師の成長にとっては不可欠である。そこには、ベテラン教師がおり、中堅教師がいて、議論を戦わせる。経験の浅い教師たちは、目の前で展開される先輩教師たちの議論の意味が、最初はよく分からないかもしれない。しかし、経験年数を経るに従って、たとえば、研究授業後の研究会において、自分は全く気づかなかったある子どもの微妙な動きへのベテラン教師の着眼や見取り方を聞いて、授業を構造的に見る目が確実に鍛えられていくのである。

　同じ授業を見ても、ベテラン教師は、深く構造的にとらえる目が鍛え上げられているが、経験の浅い教師の目には、子どもの大きな声の発言や目立った振る舞いは見えても、子どもの小声でのつぶやきや、ちょっとした表情の変化などはキャッチできない。授業や子どもを見る教師の受信機やアンテナそのものが、教育経験に応じて、きめの細かい精密コードときめの粗い限定コードの違いが生じるからである。

　教師が育つのは、独学での情報収集よりもむしろ、学年会、教科研究部会、校内研修会、自主的な研究会、大学開催の講座や研究会などに参加して、ベテラン教師や中堅教師の語る子どもの見方や授業の見方に触れることによってである。先輩教師たちの授業の作り方、授業の見方、子どものとらえ方やかかわり方に直接触れることによって、それまで見ていながら見えなかったこと、気づかなかった多くのことに気づかされる。

　ベテラン教師の授業では、無駄をそぎ落とした最小限度の指示や発問で、

子どもたちは、本時の課題を悟り、自分たちで活動し、授業が生きもののように自己展開していく。逆に、経験の浅い教師の場合は、声を張り上げ、喉を枯らすほど指示を繰り返し、学習課題を提示しても、子どもの取り組みには真剣さが見られないケースも多い。この違いはいったい何なのか。

　管理職はもちろんのこと、ベテラン教師、中堅教師と深くかかわり合い、協働作業を頻繁に行うことで、経験の浅い教師は、それまでは全く見えなかった子どもの心の奥底や授業の奥深さが少しずつ見えてくるようになるのである。先に述べた正統的周辺参加の理論は、教師の自己成長過程においてこそ当てはまると言えるだろう。

第3節　他者との出会いに開かれた教師であり続けること

1　さまざまな他者との出会い

　ここで言う他者とは、とりあえずは、自分とは異なる世界に生きており、それを自分の世界に吸収したり、同化させたりしきれない人々のことを指している。一人の教師は、子ども、保護者、同僚教師、地域住民など、さまざまな他者に囲まれて仕事をしている。特に学級担任する子どもの数は多く、現在でも40人の学級編制が基準である。教室に40人近くも個性の異なった子どもがいれば、一人の教師の狭い世界に吸収できると考えるほうに無理がある。一人ひとりが、違った子どものままでよいのである。実社会がそうであるように、人種も性別も個性も全く違った子どもたちが一つの学級を構成して、生活と学習のコミュニティを徐々に創り上げていくことが大切なのである。

　その意味では、教師という仕事は、個々の役者に役柄と出番を用意し、それぞれがベストの演技ができるように指導・助言する舞台演出家の仕事に似ている。一つの舞台では、同じ役柄、同じ出番はまるでない。同じよ

うに、それぞれの個性を最大限発揮できるように学級の子どもたちの出番をうまくプロデュース（演出）していくのが教師の仕事である。

　当然そこには、自分の思いどおりに、また期待どおりには動いてくれない他者がいる。教師自身が何度も学び直し、教師が変わらなければ先に進まない世界である。ある中堅の小学校教師（女性）は、自分のクラスにダウン症の子どもが入ってきた時のことを振り返って、次のように述懐する。

　　　新任から3年目に、担任するクラスにダウン症の子どもが入ってきました。親が普通学級を強く希望したのです。担任2年目からは当時の特殊学級の先生に補助をしてもらいましたが、私自身その子と4年間関わることになりました。私もまだ若くて、知らないことが多かったですから、子どもをどう理解すればよいのか、実に多くのことを学びました。
　　　そして印象的だったのは、その子の存在によって、周りの級友たちが友達にやさしい気持ちになっていったことでした。特殊学級の若い教師とともに、私たちはその子から成長させてもらったと、今でも思い出します（『教師が育つ条件』pp.127-128）。

2　状況の細部が見えるようになること

　ダウン症の子どもは、教師の思いどおりに動かせない子どもとの出会いの一つの典型的な事例であろう。新任3年目の教師は、特別支援学級の教師たちにも補助をしてもらいながら、ダウン症の子どもとかかわり続け、それまでは見えなかったたくさんのことが見えるようになった。変わったのは、教師ばかりではない。クラスの全体が友達に対して優しい気持ちになっていった。クラスの子どもたちにとっては、もちろん担任教師にとっても、均質化できない他者がそこに居るという、まぎれもない現実が実に重要なのである。さまざまな個性や資質、能力の違いのある子どもと教師が出会うことで、教師は、自己の狭い価値観の殻を破らなければならない。そうしなければ、相手と意思疎通すらできない。

逆に、教師の期待どおりに行動できる、いわゆる優等生ばかりを相手にしていると、そのクラスの子どもたちは同質化して、他者性を失いがちになる。指導という名の教師のまなざしの統制下に押し込められがちになる。教師は楽であるかもしれないが、そこには、教師の自己脱皮の契機がなくなり、教師の自己満足だけの指導が繰り返されることにもなりかねない。
　教師は、多種多様な子ども、多種多様な保護者、多種多様な同僚教師たちと出会うことによって、その世界が開かれ、それまで見ていながら見えなかった世界が少しずつ見えるようになる。自分の視界を超えた子ども、理解できない保護者、アンテナの張りぐあいが違う同僚教師たちとの深いかかわり合いこそが教師を育ててゆく。教師の自己成長は、こうしたさまざまな他者との出会いによって刺激され、助けられ、促されていくのである。

第4節　自己成長する教師のために〜おわりに〜

　30年にわたって公立小学校の教壇に立ち、子どもの心と体に働きかける授業を研究し、「賢治の学校」を開いて、教育の可能性を深く追究し続けた鳥山敏子（1941-2013）は、現代において求められる教師像を次のように述べている。

　　今の子どもたちにとって必要な教師とは、本当に学ぶことが好きな教師です。子どもたちがいくら自分のことだけにこだわっていても、なおそれを突破して自分のカラから出ていくことのできる授業を展開していくことができる教師が生まれなければなりません。教師自身の学びと授業の質が問われているのです。頭だけでなく、からだや魂すべてを使った授業が子どもたちのからだには必要なのです。そのためには教師は、今の時代のただなかを生き、何よりも人間としての成長に不断にとりくんでいなければなりません（『生きる力をからだで学ぶ』p.59）。

教師を育てるのは、子どもであり、保護者であり、同僚教師であると先に述べたが、教師という職業は、無数の出会いと別れに満ちている。そうした他者との偶然的な出会いを生かせるかどうかは、やはり教師自身の生きる姿勢にかかってくる。繰り返すことになるが、自己成長する教師であり続けるためには、他者に対して常に開かれた姿勢を持ち続けることが何よりも大切なことである。

　経験年数を経て、中堅教師、ベテラン教師になるに従って、自分の授業観や教育観にそれなりの自信が持てるようになる。そのことは実に貴重であるが、その自信が、他者を受け付けない独りよがりのものになると、そのクラスでは居場所を失う子どもがきっと出てくるにちがいない。なぜなら、教師から見て、子どもは常に他者性を含むものであり、全体の姿は見通せない存在であることがすっかり忘れ去られているからである。

　だからこそ、力量のある教師になればなるほど、いつも子どもの言動の断片を、モザイク画のように組み合わせ、つなぎ合わせて、一人ひとりの子どもの思考体制や行動体制をなんとか理解しようと努めているのである。そのたゆまぬ努力が、教師の人間としての確実な成長を促してくれるのである。

　鳥山が指摘しているように、これからの教師は、現代という時代を体の全身でしっかりと受け止めて生きつつさまざまな他者との出会いの中で、人間としてより善く生きる生き方を求め続けていくことが望まれる。

【文献一覧】
　　今津孝次郎『教師が育つ条件』(岩波新書) 岩波書店、2012年
　　清眞人『創造の生へ：小さいけれど別な空間を創る』はるか書房、2007年
　　高橋勝『学校のパラダイム転換：〈機能空間〉から〈意味空間〉へ』川島書店、
　　　　1997年
　　高橋勝『経験のメタモルフォーゼ：〈自己変成〉の教育人間学』(教育思想双
　　　　書9) 勁草書房、2007年

高橋勝・広瀬俊雄編著『教育関係論の現在：「関係」から解読する人間形成』
　　川島書店、2004年
鳥山敏子『からだが変わる 授業が変わる』晩成書房、1985年
鳥山敏子『生きる力をからだで学ぶ』トランスビュー、2001年
畑山博『教師 宮沢賢治のしごと』(小学館ライブラリー) 小学館、1992年
ブーバー , M.（植田重雄訳）『我と汝・対話』(岩波文庫) 岩波書店、1979年
見田宗介『宮沢賢治：存在の祭りの中へ』(岩波現代文庫) 岩波書店、2001年
臨床教育人間学会編『他者に臨む知』(臨床教育人間学1) 世織書房、2004年
鷲田清一『「聴く」ことの力：臨床哲学試論』ティビーエス・ブリタニカ、
　　1999年

【監修者紹介】

田中智志 (たなか・さとし)
　　1958年生まれ
　　1990年　早稲田大学大学院文学研究科博士後期課程満期退学
　　現在：東京大学大学院教育学研究科教授、博士（教育学）
　　専攻：教育学（教育思想史、教育臨床学）
　　主要著書：『キーワード　現代の教育学』（共編著）東京大学出版会
　　　　　　　『社会性概念の構築―アメリカ進歩主義教育の概念史』東信堂
　　　　　　　『学びを支える活動へ―存在論の深みから』（編著）東信堂
　　　　　　　『プロジェクト活動―知と生を結ぶ学び』（共著）東京大学出版会
　　　　　　　『教育臨床学―〈生きる〉を学ぶ』高陵社書店

橋本美保 (はしもと・みほ)
　　1963年生まれ
　　1990年　広島大学大学院教育学研究科博士課程後期中途退学
　　現在：東京学芸大学教育学部教授、博士（教育学）
　　専攻：教育学（教育史、カリキュラム）
　　主要著書：『明治初期におけるアメリカ教育情報受容の研究』風間書房
　　　　　　　『教育から見る日本の社会と歴史』（共著）八千代出版
　　　　　　　『プロジェクト活動―知と生を結ぶ学び』（共著）東京大学出版会
　　　　　　　『新しい時代の教育方法』（共著）有斐閣

【編著者紹介】

高橋　勝（たかはし・まさる）
　　1946年生まれ
　　1977年　東京教育大学大学院教育学研究科博士課程単位取得満期退学
　　現在：横浜国立大学名誉教授、帝京大学大学院教職研究科教授・教職研究科長
　　専攻：教育学（教育哲学、教育人間学）
　　主要著書:『経験のメタモルフォーゼ―〈自己変成〉の教育人間学』勁草書房
　　　　　　『情報・消費社会と子ども』明治図書
　　　　　　『文化変容のなかの子ども―経験・他者・関係性』東信堂
　　　　　　『学校のパラダイム転換―〈機能空間〉から〈意味空間〉へ』川島書店
　　　　　　『子ども・若者の自己形成空間―教育人間学の視線から』（編著）東信堂

【執筆者紹介】

高橋　勝（たかはし・まさる）〔序章・終章〕
　　【編著者紹介】参照

荒井聡史（あらい・あきふみ）〔第1章〕
　　1967年生まれ
　　1997年　京都大学大学院教育学研究科博士後期課程満期退学
　　現在：長野県短期大学幼児教育学科准教授
　　専攻：教育学（教育哲学、教育人間学）

阪根健二（さかね・けんじ）〔第2章〕
　　1954年生まれ
　　1979年　東京学芸大学大学院教育学研究科修士課程修了

現在：鳴門教育大学大学院教授
専攻：学校教育学（学校危機管理、生徒指導）

後藤さゆり（ごとう・さゆり）〔第3章〕
1962年生まれ
2004年　東京学芸大学大学院連合学校教育学研究科修了
現在：共愛学園前橋国際大学教授、博士（教育学）
専攻：教育学（教育人間学、家庭科教育学、住環境教育学）

橋本由美子（はしもと・ゆみこ）〔第4章〕
1947年生まれ
2009年　横浜国立大学大学院教育学研究科自然系教育専攻修了
現在：浦和大学こども学部教授
専攻：教育学（教育の制度と経営、教職概論、カリキュラム論、算数教育等）

増田修治（ますだ・しゅうじ）〔第5章〕
1958年生まれ
2006年　放送大学大学院修士課程修了
現在：白梅学園大学子ども学部子ども学科教授
専攻：学級経営論、臨床教育学、教師教育論、国語科指導法など

藤井佳世（ふじい・かよ）〔第6章〕
1975年生まれ
2005年　東京学芸大学大学院連合学校教育学研究科博士課程修了
現在：横浜国立大学教育人間科学部准教授、博士（教育学）
専攻：教育学（教育哲学、教育人間学）

長濱博文（ながはま・ひろふみ）〔第7章〕
1967年生まれ
2006年　九州大学大学院人間環境学府博士後期課程単位取得退学
現在：目白大学人間学部子ども学科准教授、博士（教育学）

専攻:教育学（比較教育学、国際理解教育、道徳教育）

牧　貴愛（まき・たかよし）〔第7章〕
　1978年生まれ
　2008年　広島大学大学院教育学研究科教育人間科学専攻博士課程後期修了
　現在：広島大学大学院国際協力研究科准教授、博士（教育学）
　専攻：教育学（比較教育学、教師教育、タイ地域研究）

赤堀方哉（あかほり・まさや）〔第8章〕
　1974年生まれ
　1999年　神戸大学大学院総合人間科学研究科修了
　現在：梅光学院大学子ども学部教授
　専攻：教育学（教育社会学、教育人間学）

小関禮子（こせき・れいこ）〔第9章〕
　1947年生まれ
　1988年　お茶の水女子大学家政学部委託課程修了
　現在：前帝京大学大学院教職研究科教授
　専攻：小学校教育、学級経営論、家庭科教育学

開　仁志（ひらき・ひとし）〔第10章〕
　1973年生まれ
　2005年　富山大学大学院教育学研究科修士課程修了
　現在：金沢星稜大学人間科学部准教授
　専攻：教育学（教師教育学）

瀧川　淳（たきかわ・じゅん）〔第11章〕
　1972年生まれ
　2007年　東京藝術大学大学院音楽研究科博士後期課程修了
　現在：熊本大学教育学部准教授、博士（学術）
　専攻：音楽教育学、教師教育

小山惠美子（こやま・えみこ）〔第12章〕
　　1957年生まれ
　　2014年　東京学芸大学大学院連合学校教育学研究科博士課程修了
　　現在：帝京大学大学院教職研究科教授、博士（教育学）
　　専攻：国語科教育（教育課程、授業実践研究）

安井克彦（やすい・かつひこ）〔第13章〕
　　1944年生まれ
　　2008年　愛知教育大学大学院教育学研究科修士課程修了
　　現在：名古屋学芸大学教職課程教授
　　専攻：教育学（教育行政、教師教育）

新・教職課程シリーズ　**教職概論**

2014年4月1日　第1刷発行
2017年3月30日　第2刷発行

　　　　　　　　監修者　　田中智志・橋本美保
　　　　　　　　編著者　　高橋　　勝
　　　　　　　　発行者　　菊池公男

一藝社

〒160-0014　東京都新宿区内藤町1-6
Tel. 03-5312-8890　Fax. 03-5312-8895
E-mail : info@ichigeisha.co.jp
HP : http://www.ichigeisha.co.jp
振替　東京00180-5-350802

©Satoshi Tanaka, Miho Hashimoto, 2014 Printed in Japan
ISBN 978-4-86359-065-6　C3037　印刷・製本/シナノ書籍印刷㈱
乱丁・落丁本はお取り替えいたします。

一藝社の本

新・教職課程シリーズ ［全10巻］
田中智志・橋本美保◆監修

《一流執筆陣による新カリキュラムに対応した新シリーズ、ついに刊行！》

※各巻平均216頁

教職概論
高橋 勝◆編著
A5判　並製　定価（本体2,200円＋税）　ISBN 978-4-86359-065-6

教育の理念・歴史
田中智志・橋本美保◆編著
A5判　並製　定価（本体2,200円＋税）　ISBN 978-4-86359-057-1

教育の経営・制度
浜田博文◆編著
A5判　並製　定価（本体2,200円＋税）　ISBN 978-4-86359-067-0

教育心理学
遠藤 司◆編著
A5判　並製　定価（本体2,200円＋税）　ISBN 978-4-86359-060-1

教育課程論
山内紀幸◆編著
A5判　並製　定価（本体2,200円＋税）　ISBN 978-4-86359-058-8

道徳教育論
松下良平◆編著
A5判　並製　定価（本体2,200円＋税）　ISBN 978-4-86359-066-3

特別活動論
犬塚文雄◆編著
A5判　並製　定価（本体2,200円＋税）　ISBN 978-4-86359-056-4

教育方法論
広石英記◆編著
A5判　並製　定価（本体2,200円＋税）　ISBN 978-4-86359-064-9

生徒指導・進路指導
林 尚示◆編著
A5判　並製　定価（本体2,200円＋税）　ISBN 978-4-86359-059-5

教育相談
羽田紘一◆編著
A5判　並製　定価（本体2,200円＋税）　ISBN 978-4-86359-068-7

一藝社の本

Foundations of Educational Research

教育学の基礎

原 聰介 ◆監修
田中智志 ◆編著
高橋 勝・森田伸子・松浦良充 ◆著

四六判 並製 240頁 定価：本体2,200円＋税
ISBN 978-4-86359-027-4

今日の教育には、リアルな事実認識の上に果敢に理想を掲げるというスタンスが求められている。教育の基本問題に切り込むために、教育学研究の4つのカテゴリー（哲学的、歴史的、社会学的、比較教育的）について、厳密な概念を用いて核心的論述を展開。

■
【目次】
第1章／学校という空間〜教育人間学の視界から
第2章／知識の教育
第3章／教育システム〜社会の中の教育
第4章／戦略的教育政策・改革と比較教育というアプローチ
■

採用試験合格のための必修用語1300
教職用語辞典

原 聰介 ◆編集代表

四六判 並製 ビニール装 512頁 定価：本体2,500円＋税
ISBN 978-4-901253-14-7

現職教員、教育行政関係者、教員採用試験受験者や教職課程の学生等のための学習・実践・研究の手引書。最新の「教育改革」の動きを的確にとらえた充実した内容。調べやすく使いやすいハンディタイプ。類書のない画期的な用語辞典。

ご注文は最寄りの書店または小社営業部まで。小社ホームページからもご注文いただけます。